공고 선생, 지한구

셜록 3

공고 선생, 지한구

그리고 오래도록 이웃으로 살아가는 학생들

지한구 지음

후마니타스

차례

프롤로그.	누군가는 공고에서 어떻게 가르치느냐고 염려하지만	8
1장.	1000원을 양보한 아이	15
2장.	열여덟 살 광훈이의 네 손가락	21
3장.	"어쩌다 여기까지 왔노?": 취업 나간 학생들	29
4장.	대기업 보냈더니 회칼 들고 등장한 아이	37
5장.	새 학기 첫날 드러난 중원의 비밀	49
6장.	퇴학 위기 세 공고생의 엇갈린 운명	61
7장.	글 써서 지급한 장학금	73
8장.	그는 은밀히 자퇴를 종용했다	77
9장.	공고 교사의 목마른 변신	89
10장.	방송으로 이어진 '몸짱' 도전	103

11장.	목소리 없는 아이	115
12장.	성적 하위 20퍼센트 학생을 둘러싼 경쟁	123
13장.	자퇴한 공고생의 거칠고도 쓸쓸한 귀환	133
14장.	칠판 글씨를 못 읽던 공고생	143
15장.	꼴찌를 위한 장학금	155
16장.	"저 베트남에서는 공부 잘했어요": 사라진 공고생	165
17장.	아이유 만나러 서울로	177
18장.	"우리 학교는 우사다, 우사!": 그 시절 공고의 자화상	187
19장.	공고에 걸린 웅장한 현수막	201
20장.	TV에선 못 보는 '올림픽 챔피언' 공고에서 나왔습니다	213
에필로그.	그렇게 이웃이 된다	222

일러두기

- 진실탐사그룹 〈셜록〉에 연재된 '수업을 시작하겠습니다'를 단행본에 맞게 손보고 새로운 글을 더했습니다.
- 본문에 나오는 학생들의 이름은 모두 가명입니다.
- 사투리 표현은 국립국어원의 지역어 종합 정보를 참고했습니다.
- 사진은 지은이가 제공했습니다.

- 물리실·화학실
- 미술실
- 전자기계과
- 텍스타일디자인과
- 전기정보과
- 동력제어실
- 로봇기계과

프롤로그

누군가는 공고에서 어떻게 가르치느냐고 염려하지만

기간제 교사를 뽑는 면접장으로 이어진 길을 걸었다. 지방 대도시에서 명문 초중고가 밀집해 땅값, 집값이 비싸 '지방 8학군'으로도 불리는 동네다. 이왕이면 면학 분위기 좋은 이곳에서 교사 일을 시작하고 싶었다. 기대를 품고 면접장으로 걸어가다 후미진 골목에서 한 무리의 고교생을 만났다.

추운 날씨에도 맨발에 슬리퍼를 신은 아이들은 왁자지

껄 시끄러웠다. 누군가는 욕설을 했고, 어떤 학생은 껌을 씹었으며, 한 아이는 담배를 물고 있었다. 그나마 조용한 아이는 끊임없이 바닥에 침을 뱉었다. 욕하고, 씹고, 빨고, 뱉고······. 무리에서 입을 가만히 두는 아이는 없었다. 아이들은 '아저씨 뭔데?' 하는 눈빛으로 나를 바라봤다. 나는 아무것도 못 본 척 말없이 면접장으로 올라갔다.

며칠 뒤 기간제 교사 합격 통보 문자메시지를 받았다. 2011년 3월, 교실로 들어가서 아이들에게 고개 숙여 인사했다.

"여러분에게 국어를 가르치게 된 지한구라고 합니다."

고개를 들었을 때 낯익은 아이들과 눈이 마주쳤다. 그때 그 골목에서 본 아이들이었다. 가슴이 떨렸다. 설렘과는 거리가 먼, 다른 차원의 떨림이었다. 2011년 봄날, 내 생애 첫 교사 생활은 이렇게 출발했다.

대학 입학 때까지 교사가 될 줄은, 무엇보다 곰고에서 국어를 가르치게 될 줄은 꿈에도 몰랐다. 나는 인문계 고등학교를 다녔다. 성적은 고만고만했기에 그저 취업이 잘된다는 말에 이과를 선택했다. 대학은 학비가 싸다는 지방 국립대학교, 학과는 그중에서 합격 커트라인이 가장 낮은 농대에 지원해 합격했다.

꿈이나 적성과는 관련이 없는 진로였으니 대학 입학 후에도 공부를 거의 안 했다. 1학년을 마치고 도망치듯 입대했다. 군대에선 빨간 모자를 쓰고 일반인을 군인으로 만드는 '훈련 조교' 보직을 맡았다. 언제든 사고가 날 만한 현장이어서 낮에는 엄격하고 무서운 조교 역할에 충실했다. 대신 밤에는 훈련병들과 많은 이야기를 나눴다.

한낮의 강도 높은 훈련과 한밤의 편안한 대화, 묘한 재미가 있었다. 알고 보니 나는 누군가를 가르치고 교감하는 일에서 즐거움을 느끼는 사람이었다. 군대에서 비로소 꿈을 찾았다. 나는 교사가 되기로 결심했다.

복학해 국어국문학 복수 전공에 들어갔다. 졸업 후에는 교육대학원에 진학했다. 농대생으로서 먼 길을 돌아야 했지만 크게 개의치 않았다. 그땐 꿈이 있다는 것만으로도 다행이었다. 임용 고시를 칠 자격을 얻기까지 6년이나 걸렸다. 하지만 벽은 높았다. 2년간 임용 고시에서 낙방했다.

기간제 교사 시험에 응시할 때, '직업계 고등학교'라는 건 걸림돌이 되지 않았다. 돈이 필요했고, 어떻게든 먹고살아야 했다. 비정규직 교사 자리도 감사할 따름이었다.

2년간 계약직을 마치고 정식 시험을 통과해 '정규직 국어 교사'가 됐다. 사립학교 교사를 뽑는 시험이었지만, 학교는 공정성을 기하고자 교육청에 교사 선발 과정을 위탁했다. 1차 시험은 한국교육과정평가원에서 출제한 문제를 풀었고, 2차는 수업 실연, 3차는 면접으로 진행됐다. 합격을 알리는 문자메시지를 받고 많은 눈물을 흘렸다. 집에 가서는 아버지, 어머니를 얼싸안고 또 눈물을 흘렸다. 교사가 되겠다고 결심한 지 10년, 내 나이 서른두 살 때 일이다.

내 아버지는 페인트 공으로 평생을 사셨다. 비가 오거나 추운 겨울에는 일을 할 수 없었다. 아버지는 자식만큼은 날씨와 계절에 구애받지 않는 직업을 갖길 바랐다. 어머니는 다섯 평(약 16.5제곱미터)도 안 되는 공장에서 수십 년간 실감는 일을 하셨다. 초등학교만 졸업한 두 분은 가난이 대물림되지 않길 소망했고, 내가 화이트칼라 교사가 된 것에 자부심을 가졌다. 하지만 주변의 반응은 달랐다.

친한 친구는 "이왕 교사를 할 거면 인문계로 가야지 웬 공고냐?"며 타박 아닌 타박을 했다. 이것은 시작에 불과했다. 누군가가 다른 사람에게 나를 소개할 때면 다들 "고등학교에서 국어를 가르치는 분"이라고 운을 뗐다. 마치 사전에 약속이라도 한 듯이 '공고'는 언제나 삭제되고 숨겨졌다. 교사 집단에서도 마찬가지였다. 내가 "공고에서 근무한다."고 하면, 다들 진심으로 걱정하는 얼굴로 말했다.

"어머, 어떡해요. 거기, 정말 힘들죠?"

난감했다. 힘들지 않다고 하면 거짓말이고, 그렇다고 적극 동조하면 그건 내 직장과 나의 제자들을 폄훼하는 일이 될 수도 있으니 말이다. 이런 상황이 거듭될수록 교사로서의 자존감은 점점 낮아졌다. 교사인 내 심정이 이러한데, 나의 제자 공고생들은 도대체 우리 사회에서 어떤 대접을 받으며 살아갈까.

공고에 다니는 아이들은 크게 세 그룹으로 나뉜다. 우선, 가정 형편이 어려워 일찍 돈을 벌어야 하는 경우다. 몇 년 전 담임을 맡은 학반에서는 기초 생활 수급자와 한부모 가정 출신 아이가 절반이 넘었다. 부모의 재력이 자녀의 학력을 결정하는 한국에서 가난한 집 아이들은 결국 공고로 몰리게 되어 있다.

또 다른 부류는 중학생 시절 나름대로 노력했지만, 인문계 고교 진학에 실패한 아이들이다. 이 아이들은 스스로를 '실패자'로 여겼다. 공고에 입학한 후에는 어떻게든 좋은 성적을 받아 인문계 고교로의 전학을 모색한다. 이 아이들은 공고라는 낙인을 빨리 지우고 싶어 한다.

각종 사건 사고에 연루됐거나, 게임에 빠져 학교생활 자체를 힘겨워하는 일명 '문제아' 그룹도 공고의 한 축을 차지한다. 이 아이들은 입학 후에 자퇴하는 비율이 높은 편이다. 학교에 나와도 무기력하게 지내는 경우가 많다.

2011년 기간제 교사 시절부터 공고에서 일했으니, 다른 학교였다면 좀처럼 경험하기 힘든 일을 여러 번 겪었다. 공고에 오지 않았다면 평생 마주칠 일이 있을까 싶은 아이들도 많이 만났다.

한국은 순위와 서열화가 확실한 사회다. 명문 학교가 있으면 일명 '따라지 학교'가 있고, 1등이 있으면 꼴등이 있기 마련이다. 그런데 가만 보니 그 누구도 공고와 공고생 이야기를 하지 않는다. 국가 교육정책에서도 열외 취급을 받는다.

어디에나 있지만 누구도 존중하지 않는 이 시대 공고와 공고생 이야기를 풀어 보려 한다. 취업에 나가 죽거나 혹은 손가락 몇 개 잘렸을 때에만 눈길 한 번 겨우 받아 보는 이 시대의 공고생들은 어떤 꿈과 좌절, 웃음과 눈물 속에서 살아가는지, 세상 사람들에게 말하고 싶어졌다. 진실탐사그룹 〈셜록〉이 소중한 지면을 내어 줬고, 2023년부터 쓴 글을 다듬어 이렇게 책으로 엮었다.

오랫동안 나는 '가난한 페인트 공의 아들'로서 교사가 된 이력에 자부심을 가졌다. 온전한 나의 노력으로 쓴 성공 스토리로 여겼다. 하지만 그 서사의 상당 부분 역시 운에서 시작됐다는 걸 공고에서 깨달았다.

비록 가난했어도 나에겐 성실히 일하는 부모님이 계셨고, 두 분은 어떻게든 나를 지원했다. 내가 일하는 공고에서 이런 가정환경은 엄청난 자산이다.

우리 학교에는 부모님이 안 계시거나, 엄마, 아버지 얼굴 자체를 모르는 아이들이 많다. 부모님이 계셔도 무슨 일을 하는지 모르는 아이도 여럿이다. 나의 제자들도 나처럼 '좋은' 환경에서 자랐다면, 우린 공고에서 스승과 제자로 만나지 않았을 거다. 무엇보다 그 어린 나이에 '꼴통'이라는 괜한 모욕의 말은 듣지 않았을 거다.

    누군가는 공고에서 어떻게 가르치느냐고 염려하지만, 오히려 그 반대다. 지난 10여 년간 '지방 8학군'을 오가며, 나의 제자들에게 많은 걸 배웠다. 이 책이 내가 누군가를 가르친 흔적이 아닌, 공고에서 보고 배운 증거로 남으면 좋겠다.

1장
1000원을 양보한 아이

    수업 종이 울려 교실에 들어가면 경수는 늘 책상에 엎드려 자고 있었다. 겨울잠 같은 길고도 집요한 수면은 개학 후 1개월 가까이 이어졌다. 이러다 얼굴 잊겠다 싶이 깨우면 잠시 고개만 들 뿐, 경수는 곧바로 엎드려 두 팔로 얼굴을 감쌌다. 교사인 나에 대한 도발이었다.

    "김경수, 일어나. 뒤로 가서 서서 수업 들어. 잠들지 않을 자신 있으면 그때 자리에 앉아."

    내일모레면 성인이 되는 열아홉, 고교 3학년 경수는 차갑게 날 한 번 노려보고 교실 뒤로 걸어갔다. 이걸로 신경전이 끝나면 좋을 텐데, 녀석은 한쪽 팔을 사물함에 기댄 채

서서 졸기 시작했다. 키 180센티미터가 넘는 경수의 머리와 무릎은 수시로 꺾였고, 이번엔 그 좀비 같은 움직임이 내 신경을 긁었다.

'이런 좀비들과 싸우려고 그 힘든 과정을 거쳐 교사가 된 걸까?'

가슴 깊은 곳에서 자괴감이 올라와 창밖 운동장을 멍하게 바라봤다. 얼마나 그렇게 있었을까. 일제히 나를 향한 아이들의 시선이 느껴져 고개를 돌렸다. 반장이 당혹스러운 표정으로 내 눈치를 살폈다.

"인사…… 할까요?"

수업 마치는 종은 벌써 울렸는데 나는 그걸 알아채지 못했다. 인사를 마치자 경수는 침대에 눕듯이 책상에 엎드렸다. 비로소 녀석에게 찾아온 안식과 평화. 좀처럼 잦아들지 않는 내 마음속 자괴감.

신경전을 치른 다음 날 수업 때도 경수는 책상에 엎드려 있었다. 나도 지치고 힘들어 그날은 포기하고 녀석을 깨우지 않았다. 대신 수업을 마친 뒤, 숙면에 빠진 경수에게 다가갔다.

"경수야, 선생님이랑 얘기 좀 하자."

나의 제안마저 '쌩 까면' 어쩌나 싶었는데, 경수는 졸린 눈으로 고개를 들었다. 녀석은 나의 초대에 응했다. 상담실에 어색하게 마주앉았을 때 나는 경수에게 질문 같은 건 하지 않았다. 대신 "날마다 엎어져 자는 네가 많이 밉다."고 말한 뒤 "네 사정을 그동안 묻지도 않고 미워해서 교사로서 미안하다."고 털어놨다.

이어 내가 겪은 가난한 청소년 시절의 분노와 농대 출신 국어 교사로서 겪은 어려움과 차별을 털어놨다. 경수는 말없이 그저 내 이야기를 들었다. 내 말이 끝났을 때, 녀석은 딱 한 번 입을 뗐다.

"말씀 끝나셨으면, 나가도 되죠?"

세상에, 이렇게 허무할 수가. 다음 날 수업에 들어갔을 때, 기대와 달리 경수는 또 엎드려 있었다. 다만 수업을 마치고 반장이 인사할 땐 자기 스스로 일어나 내게 고개를 숙였다. 이건 놀라운 변화이자 별일이었다.

국어 수업에서 경수가 깨어 있는 시간은 조금씩 늘어났다. 수업에 집중하지 못해도 눈 뜨고 있는 시간을 늘리려는 노력도 보였다. 며칠 뒤 수업 마치는 종이 울렸을 때, 경수는 나를 따라 나왔다.

"선생님, 드릴 이야기가 있는데요."

공수가 뒤바뀐 상태로 우린 상담실에 마주 앉았다. 이번엔 경수가 묻지도 않은 말을 자기 혼자 풀어냈다.

"우리 학교 다니는 다른 친구들 부모님처럼…… 엄마, 아빠가 크게 싸우고 두 분 모두 집을 나갔어요. 그런 지 한참 됐습니다. 중학교 다니는 동생이 있는데, 제가 생계를 책임져야 합니다. 엄마, 아빠를 생각하면 짜증 나서, 저도 확 가출하고 싶은데…… 그럼 동생 혼자 남잖아요. 학교 마치면 바로 ○○○에 가서 새벽 5시까지 일을 하고 있습니다. 학교 오는 게 너무 힘들어 자퇴도 생각하고 있는데, 지금은 어떻게든 버티는 겁니다."

경수는 졸린 건지, 아니면 눈물이 나는지 연신 눈을 비볐다. 180센티미터가 넘는 녀석의 넓은 어깨가 몇 번씩 출렁거렸다.

"공부요? 제가 어떻게 공부를 합니까! 학교에서 안 자면, 저는 언제 어디서 잠을 잡니까? 꿈이요? 학교에서 깨어 있으면 일하다 죽거나 굶어 죽을 거 같은데, 제가 어떻게 꿈을 꿉니까?"

이번엔 내가 자꾸 눈을 비벼야 했다. 할 수 있는 말이 별로 없었다. 나는 "미안하다."는 말과 함께 경수를 한 번 안아 줬다.

특목고 혹은 인문계 학교였다면 이런 사연은 특별했을지도 모른다. 하지만 유감스럽고 안타깝게도 공고에서 일한 10여 년간 비슷한 처지의 학생을 숱하게 만났다. 미래보다 부모님 처지와 당장의 생계를 걱정하고, 자기를 돌볼 겨를이 없어 성적은 물론 일상마저 바닥을 기는 아이들.

몇 해 전, 오전 9시를 한참 넘겨 교문을 통과한 태영이가 생각난다. 지금이 밤 9시라도 된 듯 녀석의 얼굴은 벌써 지쳐 보였다. 동료 교사가 지각한 이유를 물었다.

"부모님이 집에 안 들어오신 지 며칠 됐는데, 저한테 남은 돈은 1000원이 전부였습니다. 그거 중학교 다니는 동생 차비로 주고 저는 걸어왔습니다. 죄송합니다."

녀석의 집은 학교에서 10킬로미터쯤 떨어져 있었다. 성인 걸음으로 두 시간 정도 걸리는 거리다. 등교 시각을 한참 넘겨 길을 걷는 공고 교복 차림의 학생을 보면서, 사람들은 어떤 생각을 했을까? 대놓고 '꼴통'이라는 말은 안 해도 속으로는 안 좋은 인상을 받았을 거다. 사정을 알 리 없고, 무엇보다 공고 교복은 여러모로 부정적인 걸 은유하니 말이다.

태영이가 지친 얼굴로 풀어낸 지각 사유는 '왜 내가 공고에서 이 고생을 할까.'라는 건방진 자괴감을 부끄럽게 만들었다. 대한민국 사람들 다수가 부정적으로 여기는 이 공고는 태영이에게 걸어서라도 꼭 와야만 하는 학교였다.

태영이는 한 끼의 점심 급식을 위해, 그저 친구들과 놀려고 그 먼 길을 걸었을 수 있다. 학교에 오는 이유가 무엇이든 상관없다. 부모님 없는 쓸쓸한 집이나 막막한 거리보다 안전감과 즐거움을 주고, 마지막 남은 1000원을 동생에게 양보한 그 마음을 지지하고 지켜 주는 것. 이 세상에 학교가 필요한 이유, 교사가 해야 할 일은 바로 그런 게 아닐까.

2장
열여덟 살 광훈이의 네 손가락

그 시절 우리 학교 3학년 광훈에게 벌어진 사건의 끝을 확인할 용기가 여전히 내게는 없다. 해피엔드이길 바라는 그 이야기를 하려는 지금, 우리 집안에서 앞서 터진 일이 자꾸만 떠오른다.

내 아버지는 6형제 중 장남으로 태어나셨다. 그 시절 농촌의 가난한 집 첫째가 대개 그랬듯이, 아버지는 어린 나이에 여러 일을 전전하며 동생들의 삶을 책임졌다. 남의 집에서 소일거리를 감당하면서 동생들을 도시에 정착시켰다는 '아빠의 청춘'은 한국 근대소설의 한 대목처럼 느껴진다.

아버지의 희생을 바탕으로 6형제의 우애는 깊었다. 막

내 삼촌은 나와 열두 살 차이가 났는데, 조카들과 잘 놀아 주는 상냥한 청년이었다. 삼촌은 집에 보탬이 되고자 군 입대 코앞까지 공장에서 일했다. 사고는 그때 터졌다.

어린 내가 아버지와 함께 병원을 찾았을 때 삼촌은 병상에 누워 울고 있었다. 공장 기계에 목장갑과 함께 삼촌의 오른손이 빨려 들어갔다고 했다. 삼촌은 손가락 네 개를 잃었다. 시골에서 밭일을 하다 달려온 할머니는 흰 붕대가 감긴 삼촌의 오른손을 보고 병실 바닥에 주저앉았다.

"아이고, 어떡하노. 이 일을 어떡하노. 내 새끼 불쌍해서 어떡하노……."

그날의 통곡으로부터 많은 시간이 지났지만, 병실 풍경은 지금도 생생하다. 할머니 몸에서 풍기던 흙냄새와 땀내, 삼촌의 소리 없는 흐느낌과 흰 붕대에 가려진 오른손까지 말이다.

그로부터 20여 년이 지난 2010년께, 나는 지금 일하는 공업고등학교에서 기간제로 국어 교사 일을 시작했다. 3학년 교실 부담임으로 배정됐는데, 하필이면 담임교사가 해외로 긴 출장을 떠났다. 나에게는 임시 담임 역할이 떨어졌다.

교감 선생은 아침마다 '순시'를 돌았는데, 초짜 기간제 교사인 나를 특히 챙겼다.

"지 선생, 잘하고 있나? 취업률은 몇 프로고?"

답을 하기도 전에 당부 말씀이 이어졌다.

"아이들 빨리빨리 내보내라잉. 무슨 말인지 알제?"

때는 바야흐로 여름방학이 끝난 2학기 초, 학생들 밀어내기가 시작됐다. 공장이 어디에 있든, 무슨 일을 하든, 그런 건 중요하지 않았다. 열여덟 살, 공고 3학년 아이를 공장으로 보내 작업복을 입히는 일이 최고 가치이자 지상 과제였다. 구체적인 목표도 제시됐다.

'취업률 70퍼센트 이상, 지역 직업계고 취업률 1위!'

교무실 칠판에는 3학년 각 반의 취업률 현황이 적혔고, 그 숫자는 날마다 수정됐다. 공장의 생산량 높이듯이 그 숫자를 끌어올리려고 학교는 여러 방법을 썼다. 어느 날 교무부장 교사가 이런 선언을 했다.

"선생님들, 애들 취업 보낸다고 고생 많지예? 절반 이상 취업 보낸 반은 옆 반과 합반해 드릴 테니 힘내이소."

파격적인 제안이었다. 당시 교사 1인당 평균 수업 시수는 주당 16시간 내외였는데, 합반을 하면 여덟 시간으로 준다. 3학년 수업을 담당하는 교사에게는 무릎을 치게 만드는 달콤한 제안이었다.

하지만 개발도상국 시절을 조기에 졸업한 대한민국에서 '공고생 취업률 70퍼센트' 달성이 어디 쉬운 일인가. "아이들 어떻게든 내보내라."는 학교의 압박은 가을이 깊어질수록 커졌고, 3학년 담임교사들의 얼굴은 사색이 되어 갔다.

11월이 오고 겨울이 될 즈음, 학교는 거의 '미쳐' 있었다. 나 자신과 동료 교사들에게 미안하지만, 그 시절의 우리를 달리 표현할 말이 떠오르지 않는다.

취업률 향상을 위한 학교와 교사들의 노력은 집요하고 대담해져 갔다. "공돌이 되긴 싫다."는 학생을 불러 공장 노동이 좋은 이유를 설명했고, 그래도 설득되지 않으면 학부모를 설득했다. 학부모마저 넘어오지 않으면 학생을 앉혀 놓고 사정까지 했다.

"성윤아, 선생님 믿제? 공장에서 사회 경험도 하고, 돈도 벌고…… 얼마나 좋노? 일단 도전해 보는 게 안 낫겠나?"

학생별 맞춤형 대응이라는 것도 있었다. 공고를 졸업하고 대입을 희망하는 학생에겐 "네가 원하는 ○○대학보단 ○○기업 공장에서 일하는 게 낫다."고 설득하기. 수시 전형으로 이미 대학에 합격한 아이가 있다면?

"상현아, 니 대학 가기 전에 돈 벌면 얼매나 좋노? 효도가 별거가? 등록금 벌어야지!"

말로 하는 이런 설득은 그나마 나은 편이었다. 취업을 나가지 않은 학생들을 상대로 수업 시간에 '깜지 채우기'를 시키는가 하면, 애써 취업 보낸 학생이 도중에 학교로 돌아오면 아예 수업에서 배제시키는 일까지 벌어졌다. 학생들을 질리게 만들어 "차라리 취업이나 나가자."는 말이 나오게 하는, 그야말로 전방위적인 공세였다.

학교에서 각 반에 하달한 취업률 목표치에 근접하는 시

기, 그러니까 한두 명만 더 공장에 보내면 '시즌 끝'인 상황일 때, 취업할 만한 사업장이 나오면 교사들 사이에 치열한 경쟁이 벌어졌다.

"동구는 성실해서 절대 (취업 나간 회사에서) 중간에 나올 애가 아닙니다. 동구 좀 보내 주이소."

"건호는 할매 집이 (공장) 근처라예. 할매 집이 가까우면 멀어도 잘 다닐 수 있다 아입니꺼. 건호 좀 보내 주이소."

"인마는 지금 (공장) 안 보내면 무조건 대학 갑니더. 지금 보내야 취업률 더 올릴 수 있어예. 교감 샘한테 허락받고 왔심더."

물론 공고에는 취업을 적극 원하는 학생과 학부모도 많다. 우수한 공고 졸업생을 환영하는 좋은 사업장도 있다. 문제는 그 좋은 걸 다 합쳐도 도저히 '취업률 70퍼센트'에는 닿을 수 없다는 점이다. 무리수는 그 간극에서 나왔다.

취업률 선생이 어느 정도 마무리되던 겨울 아침이었다. 나는 일찍 출근해 학교에서 아침 운동을 했다. 학교의 압박은 끝이 보였고, 겨울방학도 얼마 남지 않아 기분이 좋았다. 우리 학교는 '이번에도' 목표 취업률을 거의 달성했으니, 교실에 남은 아이들이 크게 부담스럽지 않았다. 콧노래를 부르며 교실에 들어섰다.

"선생님, 옆반 광훈이 아세요? ○○공장에 취업 나간 광훈이요."

"어, 안다. 와?"

나의 콧노래는 끝나지 않았다. 발바닥으로 몇 번 박자도 맞췄다.

"광훈이 손가락 잘렸대요."

"니, 뭐라 캤노?"

"……."

"선생님 말 안 들리나? 니, 뭐라 캤냐고!"

"광훈이 손가락 잘렸대요. 네 개나요. 프레스에 눌려서 붙이지도 못한대요."

한동안 나는 아무 말도 못 했다. 교실의 아이들은 모두 말없이 날 바라봤다. 누구도 입 밖으로 뭐라 하지 않았지만, 모두가 나와 학교를 비난하는 듯했다. 날마다 교무실 칠판에 새겨지고 지워지던 수치, 줄어드는 수업 시수의 유혹, 제자를 상대로 한 집요한 설득, 수업을 빙자한 깜지 채우기, 교사들의 경쟁……. 아이들은 그 모든 걸 따져 묻는 듯했다.

'샘들, 왜 그렇게 열심이셨어요? 정말 우리를 위해 그런 겁니까?'

어디서부터 잘못된 걸까. 비겁하지만, 핑계는 수백 가지도 댈 수 있다. 당시 정부는 고졸 채용 가이드라인을 발표하고 막대한 예산을 투입해 고졸 노동자를 양성했다. 정부의 정책은 교육부, 교육청, 각종 산하 기관으로 전해져 학교에서 추진해야 할 사업이 됐다.

교장, 교감, 부장 교사, 전문 교과 교사, 보통 교과 교사, 담임교사, 비담임교사 등 학교의 거의 모든 구성원은 특성별로 분류됐고, 공고생 취업을 위한 연수와 설명회가 반복됐다. 학교는 주기적으로 취업률을 교육청에 보고했고, 교육청의 데이터는 교육부에 전달됐다.

취업률이 높을수록 학교는 좋은 평가를 받았고, 그 결과는 이듬해 학교 예산 편성에 영향을 줬다. 그렇게 학교는 미쳐 돌아갔고, 그 끄트머리에서 학생이자 노동자였던 열여덟 살 광훈이의 손가락 네 개가 잘려 나갔다. 공고의 취업률 압박은 그 강도만 변했을 뿐, 지금도 여전하다.

광훈이가 사고를 당한 이후 학교 분위기는 창밖의 겨울처럼 얼어붙었다. 깊은 위로와 공론화? 대한민국 학교에서 그런 일은 잘 벌어지지 않는다는 건 그때나 지금이나 상식이다. 학교는 광훈이의 잘린 손가락과 남은 인생보다 취업 나간 학생들이 동요하거나, 학교에 남은 학생들이 끝내 취업을 포기할까 봐 걱정했다.

당시 교장, 교감 등 학교 고위직은 광훈에게 문병을 가지 않았다. 학교도 교육청도 아무 책임을 지지 않았다. 누구보다 학생들 편이었던 광훈이 담임과 업무 관련 교사만 모든 책임을 떠안고 광훈이가 있는 병원을 찾아갔다. 손에 붕대를 감은 제자 모습에 담임교사는 그 자리에서 털썩 주저앉고 말았다. 오래전 내 할머니처럼 말이다.

누군가 일하다 죽거나 다쳤다는 뉴스를 접하면 자연스레 우리 공고 졸업생 광훈이가 떠오른다. 역시 공고를 졸업했다는, 서울 지하철 2호선 구의역에서 사망한 김 군의 어머니가 한 말과 함께 말이다.

"어느 부모가 자식에게 대학을 포기하고 공고를 가서 돈 벌어 오라고 하겠습니까. 장남이라는 책임감에 스스로 공고를 택했습니다. 빨리 취업해 부모님에게 보탬이 되고 싶다고 했습니다. 대학은 나중에 돈을 벌어서 간다고 했습니다. 그때 말렸으면……."

내가 초임 기간제 교사 시절에 마주쳤던 광훈이는 지금쯤 어떤 삶을 살고 있을까.

3장
"어떡하다 여기까지 왔노?"
- 취업 나간 학생들 -

 우리 학교 광훈이가 취업 현장에서 손가락 네 개를 잃은 지 3년째 되던 해, 나는 3학년 정식 담임을 맡았다. 광훈이 사건이 벌어졌을 땐 기간제 교사로서 정담임의 빈자리를 메우는 임시였지만, 이번엔 진짜 중책이 떨어졌다. 공업고등학교에서 맡은 내 생애 첫 고 3 담임. 새 학기 첫날, 나는 아이들에게 한 가지를 약속했다.
 "야들아! 우리 중 대부분은 취업을 나가게 될 거다. 근데 샘하고 하나만 약속하재이. 거기가 어디든 너희가 취업 간 곳에 샘이 꼭 갈 테니까, 너희는 그곳이 안전한 곳인지 꼭 말해야 된대이."

아이들은 이상하리만큼 비장한 담임의 말에 어떤 대답을 해야 할지 몰라 우물쭈물했다. 한 학생이 물었다.

"샘, 회사 오면 맛있는 거 사 주나요?"

"당연하지! 맛있는 거 사 줄게."

아이들은 내 속을 아는지 모르는지 먹는 것부터 말했다. 이 아이들을 과연 공장으로 보낼 수 있을지, 내 마음은 울적해졌다. 방법은 교육뿐이었다.

조례, 종례, 자율 활동 시간 등 짬이 날 때마다 열여덟 살 아이들에게 노동 인권, 산업 안전, 직장 예절 등을 가르쳤다. 내 목소리가 커질 때마다 아이들의 하품 소리도 덩달아 커졌다.

"샘, 우리도 다 알아요. 그냥 이상한 일 있으면 샘한테 전화할게요. 그만 좀 해요."

내 걱정과 달리 학교 탈출 일환으로 취업을 애타게 기다리는 학생도 있었다. 마침내 취업 시즌이 다가왔다. 나는 전날 한숨도 못 잤다. 오늘을 시작으로 우리 반 교실에 빈 의자는 늘어나고, 아이들 대부분은 산업 현장으로 투입된다.

"자, 오늘 우현이가 드디어 취업을 나간다. 책상 밀고 두 줄로 서라. 우현이가 지나가면 친한 사람은 안아 주고, 덜 친

하면 악수. 실시!"

우리 반에서는 학생 생일이나 중요한 일이 있으면 이렇게 포옹 행사를 했다. 아이들의 표정에는 장난기와 웃음이 가득했다.

"우현아, 월급 타면 맛있는 거 사라잉."

"우현아, 공장 가서도 지각하면 안 돼."

"3개월은 버텨야 된다잉. 졸업식 날 보자."

아이들은 각자의 방식으로 이별 인사를 했다. 어쩔 줄 몰라 쭈뼛쭈뼛 서 있는 우현이를 나는 세게 안아 줬다. 무슨 말을 하든, 내 목소리가 너무 떨릴까 봐 나는 말없이 우현이 등만 두드려 줬다.

우현이가 취업한 회사는 경북 칠곡군에 있었다. 동료 교사가 사업체에서 취업 승낙서를 받아 온 곳이다. 당시 학교에서는 '1교사 3회사 시스템'을 운영했다. 교사 1인당 취업처 세 개 이상을 발굴하는 사업이었다.

취업률을 높이기 위해서는 좋은 회사를 확보하는 게 중요했다. 100명 넘는 교사가 회사 세 개씩만 발굴해도 300개가 넘는 취업처가 확보되니, 학교로서는 취업률을 높이는 최고의 수단이었다.

나는 수업에 여유가 있는 날이나 방학 때 회사를 구하러 다녔다. 평생 책만 보며 학생들 가르치고 살 거라고 생각했는데, 1년에 두 달은 영업 사원처럼 지방의 공단 거리를 배회했다.

특별한 인맥이나 연줄이 없었기에 공단을 돌아다니다가 공장이 깔끔하고 크다 싶으면 일단 밀고 들어가 취업 담당자를 만났다. 종일 회사 수십 곳을 찾아다니며 "우리 공고생 좀 받아 달라."고 부탁하고 사정했다. 문전박대만 당하고 '취업 승낙서' 한 장 못 받은 날도 많았다.

'국어 교사인 내가 이런 일까지 해야 하나. 이런 일 하려고 교사가 됐나?'

자괴감이 들었지만, 버텨야 했다. 우리 학교에는 하루라도 빨리 취업해 돈을 벌어야 하는 아이들이 있었다. 그 학생들을 위해서라도 공고 교사는 영업 사원으로 뛰어야 했다. 영업 실적에 따라 학생의 삶이 바뀔 수 있으니 말이다.

내 제자의 첫 취업, 나는 우현이를 위해 아버지에게 차를 빌렸다. 페인트 공인 아버지가 현장에 갈 때 이용하는 승합차였는데, 차가 없던 나는 이것저것 가릴 처지가 아니었다. 우현이를 공장까지 바래다주고 싶었다.

차로 한 시간쯤 떨어진 공장에 도착하니, 주위에 그 흔한 마트 하나 없는 시골 마을이었다. 거리에는 이주 노동자로 보이는 외국인이 많았다. 우현이가 일할 공장 내부를 살펴봤다. 낡은 기계와 곳곳에 묻은 기름때, 한쪽에 가득 쌓인 '치킨 포장 박스', 쉴 새 없이 돌아가는 기계 소리······. 시끄러운 공장보다 내 마음이 더 혼란스러웠다. 나는 눈을 감고

심호흡을 했다.

'지금 당장 우현이를 데리고 학교로 돌아가야 하나.'

내 마음과 달리 우현이는 환하게 웃으며 공장을 둘러봤다. 공장 책임자라는 부장님이 우리에게 다가와 우현이를 훑어봤다.

"여기서 일할 수 있겠나? 어쩌다 여기까지 왔노?"

3년간의 학교 교육을 마무리하고, 사회에 첫발을 내딛는 감격스러운 순간이어야 하는데, 이건 또 무슨 말인가. 내 마음은 더 무거워졌다. 회사를 둘러볼수록 한숨만 늘었다. 나는 부장님의 두 손을 꼭 붙잡았다.

"부장님, 우리 우현이 잘 부탁드립니다. 아직 아무것도 모르는 철부지입니다. 하지만 성실하게 열심히 일할 겁니다. 조금이라도 문제가 생기면 꼭 연락 주세요."

부장님은 아무렇지도 않게 말했다.

"선생님, 걱정하지 마시소. 애한테 무슨 큰일이라도 시키겠습니까? 여기 계신 어르신들이랑 치킨 박스 좀 만들고 하면 됩니더. 육십 넘은 노인들도 다 하는 일이니 잘할 겁니대이."

부장님의 '위로'에 마지막 남은 자존심과 평정심이 무너졌다. 3미터 넘게 쌓인 치킨 박스를 종일 접고, "육십 넘은 노인들도 다 하는" 일을 시키려고 학교는 3년간 그 노력을 했던 것일까. 허망하고 허탈했다. 현장에 와서 한 번도 웃음을 잃지 않던 우현이가 나에게 조심스럽게 말했다.

"선생님, 저기 보이는 백인 아저씨랑 제가 같은 방을 써야 된대요."

해외여행을 못 가 본 우현이는 덩치 큰 외국인이 익숙하지 않은지 "솔직히 무섭다."고 토로했다. 학교와 집을 떠나자마자 외국인과 한방을 쓰는 게 많이 부담스러운 듯했다. 나는 부장님께 사정을 설명했다. 우현이의 숙소는 재배정됐다. 내가 해 줄 수 있는 일은 거기까지였다.

더 머뭇거렸다가는 우현이를 그냥 두고 오지 못할 것 같아 도망치듯 차에 올라탔다. 아버지의 승합차에서는 페인트와 꿉꿉한 냄새가 났다.

'노가다'로 삶을 일군 아버지에게 '화이트칼라' 교사 아들은 자랑이었다. 그런 아들이 누군가의 소중한 자식을, 자신조차 납득할 수 없는 노동 현장에 떨구고 있다는 걸 알면, 아버지는 계속 나를 자랑스러워할까? 지금이라도 우현이에게 학교로 돌아가자고 할까? 운전대 잡을 엄두가 나지 않아 나는 한동안 페인트 냄새 속에 앉아 있었다.

우현이를 시작으로 현장으로 향하는 학생이 많아졌다. 약 두 달간 나는 수십 군데의 회사를 다녔다. 현풍, 구미, 왜관, 울산, 거제까지 여러 도시를 다니며 학생들을 취업시켰다. 공장으로 향하는 아이들에게 "조례 시간에는 가급적 영상통화라도 하자."고 말했다. 그러자 횟집에 취업한 아이는 칼로 오이 자르는 모습을 자랑스럽게 영상으로 보여 줬고, 어떤 아이는 회사에서 직접 기계 돌리는 모습을 화상으로 송출했다.

아이들이 모두 취업을 나가면 공고 3학년 담임교사는 11월부터 순회 지도를 하며 학생들의 근태나 안전을 확인해야 한다. 나는 아이들과의 약속을 지키기 위해 전국을 누볐다. 위험한 기계가 있는 건 아닌지, 노동법은 잘 지켜지는지 등 나름대로 꼼꼼하게 살폈다. 하지만 교사가 확인하는 데는 한계가 많다. 결정적으로 공장에서의 일상은 어떤지 알기 어렵다.

어느 추운 겨울, 눈과 바람을 뚫고 경북 왜관으로 제자 종철이를 만나러 갔다. 일이 많은지 종철이는 퇴근 시간이 30분을 넘어도 공장 밖으로 나오지 않았다. 손발이 시렸다.

"쌤!"

종철이는 하얀 입김을 뿜으며 달려왔다. 거친 피부에 작업복, 기름 묻은 장갑을 낀 아이의 얼굴을 보니, 또다시 마음이 무너져 내렸다. 나는 감정을 들키지 않으려 크게 웃으며 물었다.

"회사는 마음에 드나?"

"당연하죠. 쌤, 우리 회사 진짜 좋아요."

나는 잠시 안도했다.

"오, 다행이네. 뭐가 그리 마음에 드노?"

"밥 겁나 맛있어요."

안도감에 급브레이크가 걸렸다.

"밥 말고 좋은 건 없나?"

"컴퓨터가 있는데요. 개빨라요."

"아, 그렇구나. 밥 먹으러 가자."

약속대로 나는 종철이에게 따뜻한 저녁을 샀다. 공장 밥보다 '겁나 맛있는' 한 끼가 되길 바라면서 말이다.

몇 년간 3학년 담임을 하며 학생 대부분을 취업시켰다. 현장으로 순회 지도를 나가 마음 안 아팠던 적이 없다. 그곳에서 일하는 사람들의 노동과 삶을 폄하하는 건 아니다.

다만 공고에 온 아이들이 꿈꿔 온 학창 시절의 종착역이 치킨 박스 접는 일이라는 사실이, 꿈과 희망을 가르치는 초중고 12년의 끝이 대개 비정규직이라는 현실이 허망하고 슬플 뿐이다. 공장에서 종일 치킨 박스를 접어도 안정적인 삶을 꾸릴 수 있고, 그런 노동도 존중받는 세상이 오면, 나는 학교에서 당당하게 꿈과 희망을 학생에게 가르칠 수 있을까?

그런 세상은 멀어 보이고 여름은 정점으로 달려가고 있다. 여름이 끝나면 공고 3학년 교실은 텅 비어 간다. 아이들은 공장으로, 식당 주방으로, 배달 현장으로 흩어진다.

4장
대기업 보냈더니 회칼 들고 등장한 아이

 스스로 원해 입학한 사례가 거의 없는 만큼 공업고등학교의 아이들은 어떻게든 빨리 학교를 벗어나고 싶어 한다. 공고 교복이 낙인이 되어 "꼴통"이니 "공돌이"니 하는 모욕적인 수군거림을 숱하게 들으며 학교를 다녔으니, 그 심정도 이해된다.
 하지만 무슨 마음인지 아이들은 졸업 후엔 공고를 그리워하며 꼭 한 번쯤 학교를 찾아온다. 대개는 한두 번으로 그

치지만, 인연이 길게 이어져 술친구처럼 지내는 제자도 더러 있다. 강정훈은 후자에 속하는데, 최근에도 연락이 왔다.

"선생님 잘 지내시죠? 호준이랑 찾아뵐라 카는데요."

"오오, 정훈이 오랜만이네. 근데 느그 또 술 먹고 싶어서 전화했나?"

정훈은 속내를 말하지 않았다. 술집에서 마주 앉고도 한동안 그랬다. 정훈과 호준이는 두 손으로 받은 술을 90도 이상 고개를 돌려 천천히 마시고, 공손하게 잔을 내려놓았다.

"샘, 어서 드세요."

녀석들은 내가 먼저 안주를 먹기 전까지 젓가락을 드는 법이 없다. 편하게 하자고 해도 어디선가 배우고 익힌 자신들만의 예의와 원칙을 벗어나지 않는다.

"선생님, 저 벌써 스물여덟 살이 되었습니다. 그때 선생님 덕분에 지금의 제가 있습니다. 감사합니다."

얘가 왜 이러나 싶어 나는 술을 들이켜고 정훈을 빤히 바라봤다. 표정을 보니 돈이 궁해 찾아오지는 않은 게 분명했다. 괜히 어색해질까 봐 내가 크게 말했다.

"뭐라 카노! 니 때문에 샘이 얼마나 학교생활 편하게 했는데. 하하하."

정훈은 나만큼 웃지 않았다. 내 머릿속처럼 녀석의 내면에서도 여러 기억이 밀려오는지 별말을 하지 않았다. 사실 정훈의 학교생활, 녀석과 관계된 나의 교직 생활은 그리 편하지만은 않았다. 그 시절, 큰 파도가 우리를 수시로 덮쳤고 그중 몇 번은 쓰나미처럼 거대했다.

짧은 머리에 팽팽한 피부, 넓은 어깨를 가진 정훈은 외모처럼 단단한 믿음을 주는 아이였다. 약 10년 전 공고에서 처음으로 3학년 담임을 맡았을 때 나는 정훈의 리더십에 많은 도움을 받았다.

교실에서 아이들끼리 분쟁이 생기면 정훈은 중재자로 나섰다. 교사들은 도저히 알 수 없는 공고생들의 내밀한 고민을 알려 주는가 하면, 학생-교사의 갈등이 벌어질 경우 큰 '사고'나 징계 사태로 이어지지 않도록 신통한 능력도 발휘했다. 친구들 내면의 불만과 분노를 잘 이해하고 풀어 주는 아이, 그게 정훈이었다. 누가 봐도 리더십은 좋으나 성적은 바닥인 아이, 그 역시 정훈이었다.

공고에서 성적이 뭐가 중요하냐고 하겠지만, 공고도 대한민국 고등학교다. 모든 아이는 1등부터 꼴등으로 분류되고, 등급이 매겨진다. 결국 공부 잘하는 아이들에게 대기업 취업 우선권이 주어진다. 공고에서도 성적은 성공의 중요한 열쇠 중 하나다.

드디어 취업 시즌이 시작되었다. 마침 학교의 취업 담당 부서에서 좋은 회사를 안내해 주었다.

○○기업(대기업)

연봉 2800만 원 전후, 채용 인원 4명, 군 제대 후 근무 가능, 학과 무관, 학반별 2명씩 추천 바람.

좋은 회사가 분명했다. 당시 우리 학교 3학년은 모두 19개 반. 두 명씩 추천이니 총 38명이 경쟁한다는 의미다. 나는 이 회사에 우리 반 아이 두 명을 꼭 보내겠다는 결심으로 작전을 짰다.

공부를 가장 잘하는 진수와 리더십이 좋은 정훈을 우리 반 대표로 추천했다. 자격증 네 개, 성적 1등, 각종 수상 등 스펙이 화려한 진수와 달리 정훈은 내세울 만한 이력이 없었다. 탈락 확률이 높았지만 기업의 인사 담당자가 정훈의 성실성, 책임감 등을 알아보면 가능성이 전혀 없지는 않다고 판단했다. 두 학생을 추천했는데, 얼마 뒤 취업 담당 교사에게 전화가 왔다.

"지 선생님, 산학협력부에 좀 오십시오. 부장님이 찾으십니다."

"네? 혹시 무슨 일이 있나요?"

"일단 와 보셔요."

학생들 취업을 담당하는 산학협력부는 공고에서 힘이 센 핵심 부서다. 담임교사가 맞춤형 인재를 추천해야 산학협력부는 기업을 상대로 목소리를 높일 수 있다. 이런 신뢰가 무너지면 아이들 취업에 문제가 생긴다. 그런 부서의 책임자에게 호출되니 심장이 콩닥콩닥 뛰었다.

"지 선생, 니 정훈이를 와 추천했노?"

나는 안도의 한숨을 쉬고 학기 초부터 있었던 수많은 일과 정훈의 활약에 대해 설명했다. 그야말로 '세상에 이렇게 좋은 아이가 없다.'는 식으로 말이다.

"됐고! 이거나 보고 말해 봐라!"

부장 교사는 서류 한 장을 내밀며 내 말을 끊었다. 흰 서류를 보고 눈앞이 캄캄해졌다.

강정훈
1학년 무단결석 56일
2학년 무단결석 58일

"지 선생, 니 정신이 있나 없나? 뭐 이런 아(아이)를 추천해 가지고, 학교 엿 먹일 일 있니!"

변명의 여지가 없었다.

"죄송합니다. 다른 학생을 추천해 보겠습니다."

"그래. 야는 제일 마지막에, 아들 다 보내고 나면 그때 보내라. 이런 아들은 (좋은 회사 보내 봤자) 보나마나 바로 튀나온다."

이럴 수가. 다른 아이도 아니고 정훈이가 2년 연속 무단결석을 50일 넘게 했다니. 나는 한동안 멍하니 서서 현실을 이해하려 노력했다.

학생은 진급(학년이 올라가는 것)을 하려면 기본 출석을 채워야 한다. 결석 60일이 넘으면 유급, 즉 같은 학년을 다시 다녀야 한다는 뜻이다. '능숙한' 교사들은 무단결석이 잦은 아이들에게 자퇴를 권유하곤 한다. 다른 학생들에게 피해를 주거나, 학교의 골칫덩이가 되기 전에 그 싹을 자르는 것이다. 정훈이처럼 무단결석이 50일 넘는 아이는 공고에서조차도 문제아로 찍혔을 가능성이 높다.

종례를 마치자 정훈은 웃는 얼굴로 예의 바르게 내게 다가왔다.

"선생님, 어떻게 됐어요? 저 면접 준비하면 되죠?"

정훈의 미소가 이전과 다르게 보였다. 정말 서류 전형 통과를 자신하는 건지, '출결 엉망'이라는 과거 이력을 끝까지 숨길 수 있다고 생각한 건지……. 속에선 화가 일었다.

공고 취업에서 성적만큼 중요한 것이 출결 사항이다. 인성, 태도, 성실 등에 연결된 지표이기 때문이다. 지병이나 개인 사정으로 출결 사항이 안 좋은 학생이 있으면, 학기 초에 담임교사에게 모두 인수인계가 된다. 하지만 정훈의 관련 정보는 내게 전달되지 않았다. 나는 이전 담임교사를 찾아갔다.

"아, 정훈이…… 좋지, 좋은 애지. 그래서 내가 안 잘랐어. 언젠가는 정신 차릴 거 같아서. 근데 걔가 학교는 잘 안 왔어. 무단결석 60일이 넘으면 정리해야 되는데, 정훈이는 넘지는 않더라고. 벌점 줘서 퇴학시킬 수도 있었는데, 정훈이는 말썽도 많이 부리지 않아서 내가 진급시켰지."

두 학년 모두 정훈의 무단결석은 60일 언저리에서 멈췄다. 물론 그 상황에서도 선도위원회를 열어 정훈을 학교에서 내보낼 수 있었다. 하지만 그렇게 하지 않았다는 건 정훈도 학교도, 최악으로 가지 않도록 서로 노력했다는 의미다.

나는 정훈에게 운동장을 좀 걷자고 했다.

"정훈아, 너 이번에 ○○기업 힘들 것 같다."

"아, 왜요?"

"니 정말 몰라서 묻나? 1, 2학년 때 어떻게 산 거고?"

화가 났다. 가장 믿었던 아이가 사실은 심각한 문제 학생이었다는 것에 배신감을 느꼈다. 좋은 기업 취직도 물 건너갔으니 더 속이 상했다.

"그냥 1, 2학년 때는 학교가 다 싫었어요. 재미도 없고, 알아듣지도 못하는데 따분한 수업 견디기도 힘들고……. 그래서 학교에 안 왔습니다."

답답하고 안타까운 마음에 다시 물었다.

"그러면 지금은 왜 그렇게 열심히 하는데? 그거 다 가식이었나?"

정훈은 불쾌했는지 따지듯 말했다.

"대충 살고 싶었고, 막 살려고 했습니다! 근데, 샘이 학기 초에 지각하면 집에 가서 벨 누르고 같이 학교 데리고 간다 카고, 학교 안 오면 동네 다 디비서(뒤져서) 찾으러 다닌다 카고 했잖아요! 집에서 자다가 눈 떴는데 샘이 딱 서 있고, 학교에 끌려오면 짜증 나잖아요! 그래서 귀찮아도 학교에 왔어요. 그랬더니 도서 부장도 시켜 주고…… 칭찬도 해 주고…….″

앞서 말한 대로, 원해서 공고에 온 아이는 없다. 중학교 성적이 안 좋은 아이들이 우리 학교에 온다. 속사정을 들여다보면 아이만을 탓할 수도 없다. 어려운 가정환경, 부모의 돌봄을 기대할 수 없는 처지, 당장 학교 갈 차비를 걱정해야 하는 아이들. 그런 아이들이 우리 학교의 절대다수를 차지한다.

공부에 집중하기 어렵고, 학창 시절을 마냥 즐길 수도 없는 아이들. 공고에서 일한 지 어느덧 10여 년, 자퇴나 퇴학 등으로 학교를 떠나는 아이가 40명을 넘긴 해도 있다. 네 명이 아닌 40명. 나는 이 수치가 무섭고 마음 아프다. 학교를 떠나는 아이의 뒷모습을 보는 게 슬프다. 가난해서, 부모가 없어서, 돌봄을 받지 못해서 공고에 왔는데, 여기서마저 나간다면 도대체 아이들은 어디로 간단 말인가.

이런 아이들일수록 학교가 필요하다. 그래도 학교는 거리보다 안전하고, 교사가 있고, 친구들이 있으니 말이다. 내가 아이들에게 "그래도 학교는 와야 한다", "힘들어도 학교는 다니자."고 닦달하는 이유다. 정훈의 이전 담임교사도 이런 마음으로 퇴학 카드를 꺼내지 않았던 거다. 정훈의 말을 듣고, 나는 다시 취업 부서 부장 교사를 찾아갔다.

"부장님, 정훈이가 문제아였던 것은 맞습니다. 그런데 일탈 한 번 안 해 보고 어른이 되는 경우가 있습니까? 정훈이가 그동안 출결 상태가 엉망이었지만, 3학년 돼서는 지각, 조퇴, 결석을 한 번도 안 했습니다. 어떻게 좀……."

"지 선생, 일단 알겠는데, 그래도 이런 아를 추천하면 뽑히겠나? 너무 기대는 하지 마래이."

학교 자체 면접 통과를 위해 나는 특별 교육에 들어갔다. 자기소개서 수정, 면접 연설, 발표 등을 반복시켰다. 정훈은 1차 관문인 학교 경쟁을 통과했다. 곧바로 회사 면접 준비를 시작했다. 나는 해당 회사 사장님께 자필 편지를 썼다.

○○기업 사장님, 안녕하세요. 서는 귀사에 입사를 지원한 학생의 담임교사입니다. 제가 펜을 든 이유는 ……

서류로만 모든 것을 판단하지 말고, 꼭 아이를 만난 뒤에 결정해 달라는 내용으로 A4 두 장을 채웠다. 정훈도 많이 노력했다. 회사는 정훈을 채용했다.

정훈의 합격 소식은 많은 사람에게 감동을 주었다. 비록 1, 2학년 때 방황했더라도, 마음을 잡으면 좋은 쪽으로 달라질 수 있다는 걸 보여 주는 사례였다. 하지만 감동 스토리는 여기까지.

정훈은 어렵게 들어간 대기업을 금방 그만두고 학교로 돌아왔다. 정훈을 지원한 학교는 물론이고, 담임인 나는 그야말로 난처한 처지가 됐다. 그 자리를 원했던 다른 학생에게도 미안했다. 취업부장 교사는 '지 선생, 봐라…… 내가 안 된다고 했지?' 하는 눈길로 날 바라봤다. 도저히 얼굴을 들 수가 없었다. 왜 퇴사했는지 정훈에게 물었다.

"날마다 공장에서 단순 작업 하는 게 재미없고 견딜 수가 없더라고요. 이 일을 평생 한다고 생각하니 눈앞도 캄캄했고요."

더는 실망하지 않기로 했다. 공고생이라고 왜 취향과 적성이 없겠는가. 대기업이라고 누구에게나 다 좋은 건 아니다. 정훈은 요리를 하고 싶다고 했다.

얼마 뒤 '자랑스러운 동문'이 학교를 방문했다. 시내에서 큰 횟집을 운영하는 분이다. 외고, 과학고, 자사고의 자랑스러운 선배는 의사·변호사·판검사일지 모르나, 내가 일하는 공고의 성공 케이스는 대개 자영업 사장님이다. 자랑스러운 동문 사장님은 후배를 채용하겠다고 했다. 정훈은 선배님이 운영하는 횟집에 취업했다. 취업 이후 정훈은 조회 시간마다 영상통화로 근황을 전했는데, 어느 날은 망치를 들고 화면에 나타났다.

"샘, 대방어는 망치로 대가리를 쳐서 죽여 삐는데요. 제가 지금 보여 드릴게요."

"정훈아! 아니다, 됐다! 샘도 많이 봤다. 하지 마라."

어느 아침에는 날카로운 긴 회칼을 손에 들고 화면에 나타났다.

"샘, 이 '사시미 칼'로 오이 써는 거 보여 드릴까요?"

정훈이는 곧바로 오이 써는 시범을 보였다. 나는 교실에서 정훈에게 박수를 보냈다. 정훈은 화면 너머에서 미소를 지었다.

시내를 걷다 보면, 건장한 청년들이 내게 고개를 꾸벅 숙일 때가 많다. 나를 알아보는 왕년의 내 제자들이다. 오토바이로 음식을 배달하거나, 고깃집에서 숯불을 피우거나, 택배를 나르고 있거나…….

공부를 잘한 학생들은 서울로, 대도시로, 외국으로 떠난다지만 공고를 졸업한 나의 제자들은 내 주변에서 이웃으로 살고 있다.

부끄럽거나 문제로 생각하지 않는다. 못난 나무가 선산을 지킨다는 말을 나는 좋아한다. 한 시절 제자였고 오랜 시간 내 주변의 이웃으로 살아가는 이들 덕에 나는 일상을 꾸리고 있다. 정훈은 술자리가 마무리될 즈음에야 연락한 이유를 말했다.

"선생님, 저 결혼합니다."

술자리를 파하고 제자의 청첩장을 들고 집으로 걸어가는 길. 거리에서 또다시 누군가가 꾸벅 인사를 했다. 나는 오른손 한 번 흔드는 걸로 화답했다. 집으로 가는 길이 괜히 편안하게 느껴졌다.

　정훈은 지금 대형 횟집 중간 관리자로 일한다. 녀석은 원했던 일을 하고 있다.

5장

새 학기 첫날 드러난 중원이 비밀

교무실 문은 기분 나쁜 쇳소리를 내며 천천히 열렸다. 70세는 훌쩍 넘어 보이는 할머니가 구부정한 허리를 펴지도 못한 채 바닥을 보며 들어왔다.

"여기 중원이 담임선생님 계십니꺼?"

금방이라도 쓰러질 듯한 모습과 달리 목소리는 쩌렁쩌렁 컸다. 교실 네 개를 합친 크기의 교무실에 있던 교사 70여 명의 눈길이 일제히 할머니에게 쏠렸다. 할머니는 구원을 바라는 눈빛으로 다시 한번 외쳤다.

"우리 중원이 담임선생님 없어예?"

마음씨 좋은 A 교사가 나섰다.

"할머니, 우리 학교에는 학년별로 여섯 개 학과, 19개 학반이 있어요. 중원이는 몇 학년, 무슨 과인가요?"

"그런 거 몰라예! 그냥 우리 중원이 담임선생님 보러 왔어예. 지한구 선생님 안 계십니꺼?"

설마 나를 찾아왔을 줄이야. 나는 쭈뼛쭈뼛 자리에서 일어났다. 할머니는 이산가족 상봉이라도 하는 것처럼 "아이고, 선생님!" 하며 성큼성큼 다가와 나를 끌어안았다. 할머니의 몸에서는 1980년대 시골 옷장에 있던 나프탈렌 냄새가 났다.

"어떻게 오셨습니까?"

"우리 중원이, 중원이 좀 살려 주시소!"

3월 2일, 새 학년 신학기를 맞이한 교무실에 할머니의 흐느낌이 퍼졌다. 1학년 신입생 담임을 맡은 나는 아직 아이들 명단과 얼굴을 다 익히지 못한 상태였다. 머릿속으로 '중원이가 누구더라.' 하고 아이 얼굴을 떠올리며, 내 품에 안긴 할머니의 흐느낌이 멈추길 기다렸다.

무슨 민원으로 학교에 오셨는지 회의실로 자리를 옮겨 할머니에게 물었다. 할머니는 다시 서러운 울음을 터뜨리며 가슴속 이야기를 풀어냈다. 그것은 앞으로 내가 가르칠 중원의 비밀이기도 했다.

할머니의 아들은 딱 한 명, 중원이 아버지뿐이다. 트럭 운전 등을 하던 아들은 한 여자를 만나 연애를 하고 결혼 전에 중원을 낳았다. 둘은 그로부터 4개월 뒤에 헤어졌다. 아들은 핏덩이 같은 중원이를 트럭에 태우고 다니며 생업을 이어 갔다.

보다 못한 할머니가 중원이를 데려다 키웠다. "어미 없는 자식"이라는 소리 안 듣게 하려고 할머니는 자기 능력을 초과해 가면서 중원이를 교육시켰다. 할머니는 '지방의 강남'이라는 이곳에 입성해, 최고 명문으로 통하는 중학교에 중원이를 보냈다. 경제적으로 넉넉한 상황은 결코 아니었다.

할머니는 중원이가 인문계고를 졸업해 일명 'SKY' 대학에 가길 바랐다. 하지만 중원이는 할머니 바람과 달리 우리 공고에 입학했다. 할머니는 '공고 입학' 대목에서 더 크고 서럽게 울었다.

'뭐지…… 결국 우리 학교 입학이 문제인 건가?'

나는 난감한 속내를 드러내지 않고 할머니를 위로했다.

"할머니, 걱정 마세요. 중원이 잘할 겁니다. 비록 공고에 왔지만, 여기서 오히려 성공하는 아이들도 많으니 믿고 지켜봐 주세요."

"고맙습니다. 선생님! 선생님만 믿을게예. 우리 중원이가 어미 없이 컸지만 바르고 똑똑한 아이라예. 믿을 사람은 선생님밖에 없십니더. 선생님이 우리 중원이 잘 좀 되도록 도와주이소. 꼭이예."

그 이후에도 할머니의 이야기는 한 시간쯤 더 이어졌다. 가슴 한가운데 무거운 돌덩이 하나가 얹어진 기분이었다. 내가 일하는 공고가 누군가에겐 실패의 상징이라는 사실이 슬펐다.

다음 날 중원이를 불러서 면담을 했다. 전날 할머니께서 찾아오셨다는 말은 하지 않았다. 오직 담임과 제자로 천천히 관계를 맺어 가고 싶었다.

"중원이가 만약 학교에서 아프면 선생님은 누구에게 연락하면 될까?"

"음…… 부모님은 일 때문에 바쁘세요. 할머니가 편할 것 같아요."

중원이는 엄마의 부재를 말하지 않았다. 아버지가 경제 활동을 하지 않은 채 집에만 있다는 말도 꺼내지 않았다. 비상시 할머니에게 연락해야 하는 이유를 자연스럽게 설명하는 걸 보니, 꽤 오랫동안 비슷한 질문을 받아 온 듯했다.

아이가 감추려는 걸 굳이 교사가 먼저 꺼낼 필요는 없다. 스스로 마음을 열 때까지 기다려 주는 것도 교사에게 필요한 덕목이다. 이걸 알기까지 나는 여러 시행착오를 겪었다.

몇 해 전, 박완서 소설가의 작품 「엄마의 말뚝」으로 수업할 때의 일이다. 나는 소설을 통해 아이들 각자가 엄마를 좀 더 이해할 수 있도록 수업을 설계했다. 수업 활동지에 나는 이런 질문을 담았다.

엄마와의 추억을 바탕으로, 작품 속 엄마의 행동에 대한 자신의 의견을 작성하시오.

교실의 아이들은 자기만의 답을 작성해 나갔다. 그런데 동수는 아무것도 쓰지 않은 채 곧바로 엎드렸다. 나는 동수를 깨워 활동지를 작성하라고 했다. 동수는 알겠다면서도 다시 엎드렸다. 결국 나는 폭발했다.

"니 지금 샘하고 장난치나? 쓴다 캐 놓고 왜 자꾸 자는데? 샘 무시하나?"

이에 질세라 아이도 목소리를 높였다.

"쓸 게 없는데 왜 자꾸 쓰라 카는데요?"

"뭐리도 써 뵈라. 그게 그리 어렵나?"

"아이 씨……."

아이는 교실 문을 열고 나가 버렸다. 교실에는 무거운 정적이 흘렀다. 따라가서 잡아야 할지, 그냥 태연한 척 수업을 해야 할지 판단이 서지 않았다. 그때 영화처럼 수업을 마치는 종이 울렸고, 사건은 일단락됐다.

알고 보니, 동수에게는 엄마가 없었다. 엄마와의 추억만 없는 게 아니라, 엄마 얼굴 자체를 몰랐다. 이런 동수에게 엄마와의 추억을 쓰라고 재촉했으니, 나의 문학 수업은 얼마나 잔인했을까.

동수만이 아니었다. 당시 수업을 듣던 아이 20여 명 중 다섯 명(동수 포함)에게는 엄마가 없었다. 열정만 앞서고 꼼꼼하게 살피지는 못했던 그날의 문학 수업을 떠올리면 지금도 얼굴이 화끈거린다. 그 사건 이후, 아이들에게 부모 혹은 가족과 관련된 질문을 할 땐 최대한 신중하게 접근했다. 수수께끼 혹은 미로 같은 질문을 따로 만들기도 했다. 이런 식으로 말이다.

질문: 지금 집에서는 몇 명이 살고 있니?
 (진짜 의도: 가족 관계가 어떻게 되니?)
대답: 두 명요.
 (해석: 부모님 중에 한 분이 안 계세요. 더 묻지는 마세요.)
질문: 부모님은 주로 언제 집에 계시니?
 (진짜 의도: 부모님의 직업은 무엇이니?)
대답: 몰라요, 부모님이 말씀해 주지 않으셨어요.
 (해석: 묻지 마세요. 말하기 싫은 직업에 종사하세요.)

사정이 이러니, 중원이가 나에게 부모님 이야기를 하지 않은 건 이례적인 일이 아니다. 중원이는 운동을 잘하고, 의협심이 강했다. 우리 반 부반장이 되어 학교생활도 열심히 했다. 당당하고 밝아서 집안 형편이 어렵다는 게 겉으로 드러나지 않았다.

그러던 어느 날 중원이가 사라졌다. 이틀째 학교에 나타나지 않았다. 애지중지 키운 손주가 가출하자 할머니는 다시 한번 학교로 찾아왔다.

"샘요. 이노무 자슥이 집을 나갔는데 오지를 않네예. 다리몽둥이를 뿐질러 뿌야 되는데……. 집에를 안 들어오니 환장하겠어예."

할머니의 통곡이 다시 교무실을 흔들었다. 사실 가출한 아이 찾기는 어렵지 않다. 에스엔에스SNS를 살피거나 친구들을 수소문하면 금방 찾을 수 있다. 학교에서 가까운 친구 집에 중원이가 있다는 정보를 입수했다. 나는 문자메시지를 보냈다.

중원아, 샘인데…… 너 지금 ○○네 집에 있다며? 샘이 많이 걱정했다. 학교 째고 안 오니 편하고 좋나? 내일은 학교 꼭 와라잉. 안 오면 샘이 그 집에 찾아간대이. 무슨 일인지 모르겠지만, 학교 와서 이야기하자. 오케이?

중원이는 다음 날 학교에 왔다. 할머니도 학교에 오셨다. 모범생의 일탈 정도로 여기고 일을 마무리하려 했는데, 예상치 못한 일이 벌어졌다.

"이노무 새끼가 어디 집을 나가? 네가 진짜 미쳤나?"

가출한 손주에게 받은 상처가 컸는지, 할머니는 고래고래 소리를 지르셨다.

"할매랑 같이 살기 싫어! 할배도 싫고⋯⋯ 다 싫어요! 아, 짜증 나⋯⋯."

할머니와 아이 모두 평소에 내가 알던 사람들이 아니었다. 서로에 대한 분노와 원망이 악담으로 쏟아져 나왔다.

"할매가 내한테 해 준 게 뭔데요? 맨날 뭐라 카기만 하고, 6시까지 들어오라 카고. 요즘 초딩도 밤 9시 넘어서 집에 들어가는데, 저는 왜 이렇게 살아야 되는데요! 할매가 엄마였어도 이렇게 했겠어요?"

중원이는 다섯 살까지 할머니를 엄마라고 불렀다. 엄마를 본 적이 없어서 얼굴을 모르니 자연스러운 일이었다. 그렇게 키운 손자의 비난에 할머니의 얼굴이 하얘졌다.

"어미 없는 거 거둬 키워 줬더니, 뭐가 어쩌고 어째!?"

급소를 찔려서인지 이번엔 중원이의 눈이 뒤집혔다. 중원이는 앉은 자리에서 거칠게 벌떡 일어났다. 의자가 큰 소리를 내며 거칠게 뒤로 넘어졌다. 나는 중원이 앞으로 튀어 나갔다.

"앉아! 박중원, 당장 자리에 앉아! 이 자식이, 니 지금 뭐 하는 짓이고! 샘도 있는데 할머니한테 이래도 되나!"

나는 창문이라도 깨질 듯이 소리쳤다. 머리가 하얘져 눈

앞에 뵈는 게 없었다. 큰일이라도 난 줄 알고 동료 교사들이 하나둘 나타났다. 중원이는 놀랐는지 의자가 아닌 바닥에 주저앉았다. 할머니가 다가와 중원이의 어깨를 감쌌다. 두 사람은 앉아서 놀란 눈으로 날 바라봤다.

"니, 할매가 니를 어떻게 키운 줄 모르나? 이게 뭐 하는 짓이고?"

나의 흥분은 좀처럼 가라앉지 않았다. 중원이의 어깨가 조금씩 들썩이기 시작했다. 할머니도 나에게 "내가 손주를 잘못 키웠다."며 갑자기 고개를 숙였다. 몇 시간 뒤, 감정을 추스른 두 사람은 손을 잡고 집으로 향했다.

다음 날, 중원이는 예의 모범생 모습으로 학교에 왔다. 어제의 일은 서로에게 큰 충격이었다. 무엇보다 중원이가 감춰 온 비밀이 한꺼번에 드러난 점이 그랬다.

"샘요. 저 진짜 힘들었어요. 제가 보이는 모습은 다 가식이에요."

상담 시간에 중원이는 자기 이야기를 풀어냈다. 중원이네 집은 기초 생활 수급 가정이었다. 할머니, 할아버지, 아버지 중 경제활동을 하는 사람은 없었다. 고모가 매달 주는 약간의 돈이 가계 수입의 전부였다. 할머니의 사랑은 중원에게 집착과 압박으로 다가왔고, 그럴수록 얼굴을 모르는 엄마에 대한 막연한 그리움만 커졌다.

할머니의 기대는 큰데 머리는 따라 주지 않고, 빨리 돈을 벌고 싶은데 능력은 안 되고, 가난과 상처를 누군가 알까 두렵고, 계속 숨기기도 힘들고, 생각은 많아지는데 집에 있으면 답답하고……. 그러다 할머니와 싸우고 가출을 감행했다는 이야기.

나는 가만히 중원의 말을 들어 줬다. 중원에겐 돈과 엄마만 없는 게 아니라, 자기 말을 들어 줄 사람도 없는 듯했다. 이야기가 끝났을 때 나는 "고생했다."며 중원의 어깨를 두드려 줬다. 그 순간 할 수 있는 일은 그게 전부였다.

평온이 찾아온 뒤에도 "우리 중원이 좀 살려 달라."는 새 학기 첫날 할머니의 강렬한 민원은 머리에서 떠나지 않았다. 학부모 민원으로 골머리 앓는 학교가 많다지만, 우리 공고에서 그런 건 다른 나라 이야기다.

우리 학교에는 학부모 민원이 거의 없다. 없어도 너무 없다. 이게 꼭 좋은 것만은 아니다. 오히려 '민원 없음'은 서글픈 현실의 반영이기도 하다. 앞서 말한 대로 우리 공고에는 부모 없는 아이가 많다. 부모가 있어도 당장 먹고사는 일을 해결하느라 자녀 교육에 신경을 쓸 여력이 없는 처지가 대부분이다.

며칠 뒤 중원에게 나는 한 가지 제안을 했다.

"니 샘하고 올해 뭐 하나 해 볼래? 별건 아니고, 그냥 니랑 내랑 약속을 하고 지키면 되는데……."

어느 학교에는 학생 해외 연수 프로그램 같은 게 있는지 모르겠지만, 우리 공고에는 모 기업에서 운영하는 저소득층 지원 사업이 있었다. 교사와 학생이 멘토-멘티로 지내며 일정한 임무를 충실히 수행하면 매달 장학금 30만 원을 주는 프로그램. 중원이는 '멘토-멘티 프로그램'을 잘 따랐고, 그 돈을 받게 됐다.

적은 돈일 수 있지만, 이는 중원이 가정의 고정 수입이었다. 이것만으로도 중원이의 자존감은 높아졌다. 장학금을 꾸준히 받으려면 주어진 임무를 계속 이행해야 했다. 우리는 서로에게 '원하는 것과 목표'를 주고받았는데, 중원이는 이런 걸 하고 싶다고 적어서 줬다.

○○ 브랜드 운동화 사기, 뷔페식당 가기, 최신 영화 보기, 바다 가기.

그리 특별할 것 없는 평범한 일들. 하지만 중원에겐 경험 못 한 미지의 세계였다. 나는 이 모든 걸 중원이와 함께 '수행'했다. 이번엔 내가 '원하는 것'을 요청할 차례.

'SKY' 대학을 꿈꿀 수 없던 중원이는 해군 부사관을 희망했다. 일정한 테스트를 거쳐야 하니 공부와 학습은 필수였다. 나는 '방과 후 수업 하나 이상 듣기'를 제안했다. 중원은 이를 받아들였다.

이후에도 수업을 잘 듣는지 살폈고, 고민은 없는지 수

시로 불러 이야기를 나눴다. '고정 수입 30만 원'을 지키기 위한 일이었지만, 그보다는 이제 겨우 높아진 아이의 자존감을 지켜 주고 싶었다.

중원이가 2학년이 되면서 우리는 헤어졌지만 관심의 끈을 놓지는 않았다. 과거는 어땠는지 모르나 지금은 '누군가 너에게 관심이 있다.'는 신호를 계속 주고 싶었다.

그런 관심이 나쁘지 않았는지 중원이는 꾸준히 노력했다. 3학년이 돼서는 그해 가장 먼저 실시된 해병대 부사관 시험에 단번에 합격했다. 이어 시험이 좀 더 어려운 해군 부사관 시험에도 최종 합격을 했다.

할머니의 통곡으로 시작된 중원이의 공고 생활 3년. 나는 중원이에게 "행복했냐?" 혹은 "마음속 상처는 많이 아물었냐?"라고 묻지 않았다. 졸업해 학교를 떠날 무렵 녀석의 어깨를 몇 번 두드려 줬을 뿐이다. 오래전 상담실에서 그랬던 것처럼 말이다.

지금 이 시각, 아마 중원이는 푸른 바다 위에 있을 거다. 눈물 많고 목소리가 큰 중원이의 할머니는 지금도 종종 연락해 온다. 더우면 더워서, 추우면 추워서 내 안부를 묻곤 한다.

내가 공고에서 주기적으로 받는 학부모 민원은 중원이 할머니의 연락이다.

6장
퇴학 위기 세 공고생의 엇갈린 운명

퇴학 위기에 처한 1학년 조민우의 어머니는 고급 승용차를 타고 학교 주차장으로 들어왔다. 어머니는 교무실로 들어오자마자 교감 앞에서 무릎을 꿇었다.

"교감 선생님, 한 번만 기회를 주세요, 제발요. 마지막입니다. 우리 민우에게 기회를 주실 때까지 저는 일어나지 않겠습니다."

학부모가 무릎을 꿇다니. 교사들은 모두 충격에 빠졌다.

단단히 마음먹은 듯 교감은 고개를 옆으로 돌렸다.

"안 됩니다. 이미 충분히 기회를 드렸습니다. 민우 데려가십시오."

"민우에게 기회를 주실 때까지 일어나지 않겠습니다."

학생부장 교사가 나섰다.

"민우 어머님, 이러면 자퇴도 안 됩니다. 퇴학이에요, 퇴학! 벌써 몇 번째입니까? 애가 말을 안 듣는데 저희가 어쩌겠습니까. 민우는 도저히 안 됩니다. 제발 일어나세요."

민우 어머니는 일어나 체념한 듯 말했다.

"공고도 졸업 못 하면 우리 아들이 사람 구실 하면서 살아갈 수 있겠습니까? 여기 계신 분들은 모두 선생님들이시잖아요. 제발 방법을 좀 찾아봐 주세요. 제발요······."

민우는 호리호리한 체격에 검은 뿔테 안경을 쓴, 피부가 까무잡잡한 학생이었다. 입학 후 거의 매일 지각했는데, 늘 대중교통 대신 오토바이를 타고 등교했다. 교복 대신 반바지에 슬리퍼, 목이 늘어난 티셔츠를 입고 말이다.

교실에 오면 책상 위에 책을 펴고, 그 위에 모포를 깐 뒤 팔베개 인형을 꺼내 곧바로 얼굴을 묻고 잤다. 늘 지각했으니 조례에 참여하지 않았고, 휴대폰도 제출하지 않았다.

민우는 점심시간에 학교를 무단이탈해 학생부로 잡혀 왔고, 화장실에서 담배를 피우다 학생부로 끌려왔으며, 수업 중에 학교 밖으로 나갔다가 또 학생부로 호출당했다. 하루 동안 민우가 받은 벌점은 20점이 넘었다. 무단 지각 1점, 오토바이 탑승 10점, 휴대폰 소지 1점, 수업 태도 불량 1점, 무단이탈 1점, 교내 흡연 5점, 무단 조퇴 1점, 교사 지시 불이행 2점.

민우의 벌점이 쌓일수록 부모의 학교 방문은 잦아졌다. 학교는 벌점 30점이 넘으면 학부모 학교 방문, 40점 이상은 교내 봉사, 50점 이상은 사회봉사, 60점 이상은 퇴학 조치를 할 수 있다. 당시 나는 학생부 소속이어서 민우 같은 일명 '문제 학생'과 자주 대면했다. 민우는 하나도 거칠지 않았으나 한없이 무기력했다.

"그냥 벌점 주시면 되잖아요. 제가 벌점 받겠다는데 샘이 왜 난리인데요?"

누구도 민우의 마음을 열지 못했다. 담임교사는 얼른 민우가 벌점 받고 퇴학당하기를 바라는 눈치였고, 민우의 반에서 수업하는 교사들도 점점 지쳐 갔다. 입학한 지 한 달도 되지 않아 선도위원회가 열렸다. 민우 어머니도 출석했다.

"조민우 학생. 매일 지각하고 마음대로 학교에서 나가고 담배 피우고······. 자기 멋대로인데, 학생이라고 할 수 있겠어요?"

선도위원회 위원장인 교감이 훈계와 질책을 했다. 민우 어머니가 나섰다.

"죄송합니다. 다 제가 잘못 가르친 탓이에요. 정말 죄송합니다. 다시는 이런 일이 없도록 하겠습니다. 정말 죄송합니다."

엄마와 달리 민우는 뻣뻣한 모습으로 아무 말도 하지 않았다. 연극을 관람하듯 상황을 지켜보기만 했다.

선도위원회는 징계위원회와 같은 기능을 하는데, 사안의 경중에 따라 학생에게 교내 봉사, 사회봉사, 출석 정지, 퇴학 등의 징계를 내릴 수 있다. 중학교까지는 의무교육이어서 학생이 큰 잘못을 해도 퇴학시킬 수 없지만, 고등학교에서는 퇴학도 가능하다.

학기 초에 누군가 퇴학당하면 '문제 학생들'은 중학교와 다른 환경을 인식하고 교칙을 지키려고 조금이라도 노력한다. 하지만 민우는 달랐다. 마치 목표가 퇴학인 양 거침없이 폭주했다.

첫 선도위원회에서 민우는 교내 봉사 10시간 징계를 받았다. 하지만 얼마 못 가 민우는 다시 선도위원회에 회부됐다. 교감의 질책이 반복됐다.

"조민우 학생. 징계 미이수, 지시 불이행 등으로 벌점이 더 높아졌네요. 어떻게 단 한 시간도 교내 봉사를 안 할 수가 있죠?"

민우는 이번에도 침묵. 다시 어머니가 나섰다.

"정말 죄송합니다. 이번에는 꼭 징계를 이수하도록 가정에서 잘……"

"어머니, 잠시만 계셔 보십시오. 민우 학생의 의견이 궁금해서 그렇습니다. 조민우 학생, 어서 대답해 보세요."

인내의 한계에 이르렀는지, 교감은 어머니의 말을 끊었다. 학생부장 교사가 나섰다.

"교내 봉사는 학습권을 보호하기 위해 방과 후에 이뤄집니다. 하지만 민우는 수업 마칠 때까지 학교에 남아 있지를 않아요. 도망 못 가게 휴대폰을 제출받고, 가방도 미리 맡아 봤지만 다 내팽개치고 집에 가 버립니다. 저희 학생부에서도 두 손 두 발 다 들었습니다."

민우에겐 교내 봉사보다 한 단계 높은 사회봉사 명령이 떨어졌다. 민우 어머니는 아들의 벌점을 줄이고 어떻게든 퇴학을 막으려 '학부모 동반 수업'(벌점 5점 차감)까지 참여했다. 하지만 그날도 민우는 엄마 앞에서 팔베개 인형에 얼굴을 묻고 잤다.

민우는 2주 만에 3차 선도위원회에 회부됐다. 너석은 사회봉사 명령을 따르지 않았다. 지각과 무단 조퇴는 이어졌다. 1학년 1학기 만에 벌점 60점 초과, 퇴학은 정해진 수순이었다.

학교가 베풀 수 있는 선처는 퇴학 전 자퇴 권고였다. 자퇴를 하면 다음 해에 다시 학교에 입학할 수 있다. 민우 어머니는 학교로 달려와 교무실에서 무릎을 꿇었다. 앞서 묘사한 바로 그 상황이다.

자식을 위해 모든 걸 다 하는 어머니와 뭘 해도 달라지지 않는 야속한 아들. "공고도 졸업 못 하면 사람 구실이나 하겠느냐."는 슬픈 말과 "그래도 당신들은 선생님이 아니냐."는 눈물겨운 호소……. 공고의 교무실은 무기력할 정도로 적막했다.

많을 때는 한 해에 약 40명의 학생이 자퇴하거나 혹은 퇴학당하는 우리 공업고등학교. 방학을 제외하면 매달 네 명, 즉 일주일마다 한 명씩 학교를 떠난다는 의미다. 선도위원회가 퇴학 처분을 결정하는 일명 '손에 피를 묻힌 날', 학생부 소속 교사들의 마음은 소금밭이 된다. 교사로서 학생에게 "더는 학교에 오지 말라."고 통보하는 건 무척 고통스러운 일이다.

결국 민우에게는 퇴학 처분이 잠정 결정됐다. 그날 학생부 교사들은 늦게까지 술을 마셨다.

"오늘…… 민우 어머니 너무 불쌍하지 않던가요? 무릎까지 꿇을지는 몰랐는데……."

동료 교사의 이야기가 이어졌고, 결국 잔뜩 취한 내 입에선 많은 말이 터져 나왔다.

"맨날 애들 잡아서 혼내고, 징계 주고…… 진짜 돌아 버리겠어요! 학교가 무슨 경찰서도 아니고……. 솔직히 우리, 문제아들 싹 다 잡아서 쫓아내고 싶잖아요. 그러면 속도 편하고. 선생님들, 제 말이 틀렸습니까? 우리 학생부가 애들

바로잡는 부섭니까, 애들 때려잡는 부섭니까? 아니, 우리가 선생입니까, 형삽니까?"

"지 선생, 술 많이 마셨다. 고마(그만)해라!"

부장 교사의 만류에도 내 '술주정'은 멈춰지지 않았다.

"민우 이렇게 될 거 다들 알고 계셨죠? 과거에도 그랬잖아요. 어차피 안 될 애들은 징계 줘서 빨리 내보내고, 살아남은 아이들만 데리고 간다…… 그런 거 아닌가요? 제 말이 틀렸나요?"

해서는 안 될 말, 혹은 누구나 알고 있지만 아무도 하지 않은 말이 정제되지 않은 술주정으로 나왔으니, 그날의 회식은 피바람이 불 듯이 위태로웠다.

"술 많이 먹었다. 고마 가자."

학생부장을 시작으로 교사들은 하나둘 자리에서 일어났다. 다음 날, 학교에선 긴 회의가 열렸다. 피바람은 불지 않았다. 다들 비슷한 생각을 하고 있었는지, 학교는 민우에게 한 번 더 기회를 주기로 했다. 학생부에서는 치열한 토론을 거쳐 '너와 나 바로 서기 프로젝트'(이하 '바로 서기 프로젝트')를 진행하기로 합의했다. 학생부가 학생 자르는 곳이 아닌 학생을 살리는 곳으로 거듭나기로 한 것이다.

우선 학생부는 전교생 중에서 벌점이 높은 1위부터 20위까지 일명 '고위험 학생'을 추렸다. 이 아이들 대부분은 벌점 40점이 넘었고, 60점을 초과해 곧 퇴학을 통보받을 학생도 있었다. 학생부 교사들은 이 학생들을 선제적으로 관리해 어떻게든 살려 보기로 했다. 그 일환으로 학생부 교사 한 명당 학생 두 명씩 맡아 어떻게든 졸업시키기로 했다.

나의 술주정을 정책으로 발전시킨 학생부장은 고위험 학생 중에서도 최상위권인 강두석(당시 2학년)을 맡았다. 두석이는 말과 행동이 거칠어 늘 문제인 아이였다. 자신의 문제를 지적한 교사에게 거칠게 대들어 퇴학 위기에 처했다.

학생부장은 많은 교사들이 포기한 그 두석이를 어떻게든 달래고, 통제하고, 가르쳐서 고교 졸업장을 안겨 주겠다는 계획을 짰다. 교사들은 물론이고 학생들도 비웃은 그 계획을 학생부장은 밀어붙였다.

두석이가 사고를 칠 때마다 학생부장은 두석 아버지를 학교로 불렀다. 그럴 때마다 두석 아버지는 불편해하는 기색 없이 교사의 말을 경청하며 "가정에서도 잘 교육시키고 노력하겠다."고 약속했다.

나와 친한 A 교사는 '고위험 학생 중 가장 순한' 양범준(당시 1학년)을 맡았다. 범준이는 결석이 잦을 뿐 사건 사고를 일으킨 아이가 아니었다. 늘 차분하고 성실하기까지 했으니, 어쩌다 고위험 학생이 됐는지 의아할 정도였다. 범준이가 학교를 졸업하는 건 당연해 보였다. 나는 A 교사가 부러웠다.

술주정의 대가였는지, '조민우 졸업시키기'는 나의 몫이 됐다. 나는 민우가 자주 어울린다는 '동네 형들'을 만났고,

오토바이를 빌려주는 업주를 찾아가 도와 달라고 간청했다. 하지만 내가 다가가면 다가갈수록 민우는 신기루처럼 멀어져 갔다. 마음의 문은 조금도 열리지 않았다. 민우는 무기력했다.

"샘, 저 포기하세요. 저는 그냥 학교가 싫고, 견딜 수 없을 만큼 답답해요."

민우 어머니는 민우의 방과 후 비행을 막기 위해 사설 경호원을 두 명이나 고용했다. 그 덕에 덩치 좋은 검은 양복 차림의 경호원 두 명이 우리 학교 정문 앞을 지키는 진풍경까지 벌어졌다.

경호원의 임무는 민우의 학교 무단이탈 방지, 하교 후에는 집으로 데려가기였다. 나는 종례를 마치면 민우를 교문까지 데려가 두 경호원에게 이후를 맡겼다. 민우 가족-경호원-학교의 '합동작전' 덕에 민우의 학교 무단이탈은 사라졌다. 벌점 쌓이는 속도가 확실히 줄었다.

이것만으로는 부족했다. 고위험 학생에겐 이미 쌓인 벌점을 줄이는 것도 필수였다. 우리는 아이들이 좋아할 만한 사제동행 프로그램과 집단 상담, 교내외 봉사, 등산 등 다양한 행사를 기획해 학생의 참여를 유도했다. 여기에 참여하면 '상점'을 부여했는데, 이 점수는 벌점 줄이기에 매우 유용했다.

이 간단한 일은 실행만 하면 되는데, 고위험 학생에겐

이것만큼 어려운 일도 없었다. 제시간 등교가 힘들어 자주 지각하는 아이들에게 '사제동행 주말 등산'은 그야말로 고행에 가까운 '넘사벽'이었다.

그래도 어쩌겠나. 평일에 쌓은 벌점을 주말에 상쇄하지 않으면 졸업은 물 건너가니 말이다. A 교사가 맡은 범준이는 성실하게 주말 프로그램에 참여했다. 지각하지 않았고, 이런저런 지적을 하기 전에 늘 먼저 움직였다. 교사들의 특별한 관심이 힘이 되는 듯했다.

고위험 학생 중 '톱'top이었던 두석이는 아버지의 도움과 재촉으로 겨우 프로그램에 참여했다. 녀석의 상담은 욕설로 출발했고, 사제동행 등산은 짜증과 분노로 끝나기 일쑤였다. 학생부장은 묵묵히 견디고 참았다.

민우는 경호원의 에스코트를 받거나 엄마의 고급 승용차를 타고 무기력한 얼굴로 등산로 입구에 나타나곤 했다. 약속된 시각에서 한참 지난 상태에서 말이다. 억지로, 꾸역꾸역, 답답한 얼굴로. 그래도 나타난 게 어딘가 싶어 나는 억지로라도 웃었다.

'바로 서기 프로젝트'를 통해 민우는 겨우 2학년으로 진급했다. 민우 어머니는 여전히 자주 학교로 불려 왔고, 나 역시 민우의 담임과 수업 교사에게 수없이 사과하고 다녔다. 그야말로 산 너머 산이었다.

학생부가 힘들게 진행한 '바로 서기 프로젝트'에도 불

구하고 우리는 '고위험 학생 20명' 중에서 절반만 살릴 수 있었다. 많이 노력했으나 학생 10명이 자퇴, 혹은 퇴학으로 학교를 떠났다. 학생부장이 맡은 사고뭉치 두석이, A 교사가 맡은 순둥이 범준이, 내가 맡은 무기력 민우는 어떻게 됐을까.

우선 고위험 학생 중 '톱'이었던 강두석은 학생부장의 눈물겨운 노력으로 졸업에 성공했다. 두석 아버지도 고생을 많이 했다. 성인이 된 강두석은 최근 학교에 찾아와 "졸업하도록 도와줘서 고맙다."며 당시 학생부장에게 고개를 숙였다. 학생부장의 얼굴에선 미소가 떠나지 않았다.

민우 역시 졸업을 했다. 하지만 우리는 연락하고 지내지 않는다. 민우가 학교에 찾아오는 일도 없다. 민우가 무기력에서 벗어나 적극적으로 살길 바랄 뿐이다.

순둥이 범준이는 1년도 안 돼 퇴학을 당했다. 고위험 학생 중 누구보다 성실하고 착했던 범준이는 연기처럼 사라졌다. 어느 순간부터 아예 학교에 나오지 않았다. A 교사는 물론이고 친구들의 연락도 받지 않았다.

어떻게 이런 일이 벌어졌을까. 진실과 내막은 아무도 모르지만, 마음 쓰이는 건 하나 있다.

조민우가 위기에 처했을 때, 그의 곁에는 무릎 꿇기를 불사하는 엄마와 검은 양복의 경호원이 있었다. 강두석의 곁에는 학교의 부름을 외면하거나 불쾌하게 여기지 않는 묵묵

한 아버지가 있었다.

하지만 순둥이 양범준에게는 부모가 없었다. 범준이는 할머니와 둘이 살았다. 사라진 범준이를 끝까지 찾을 힘과 여력이 할머니에겐 없었다. 범준이는 언제나 혼자였다.

부모의 재력과 학력이 아이의 미래를 결정한다는 말이 더는 뉴스가 아닌 세상. 공고에서 일하다 보면, 재력이나 학력 따위는 다 필요 없고 부모만 있으면 얼마나 좋을까, 둘 다가 어렵다면 엄마, 아버지 중 한 명이라도 있으면 얼마나 좋을까 싶은 아이들을 자주 본다.

지금쯤 범준이는 어디서 무엇을 하고 있을까? 사라진 범준이를 생각하면 슬프다. 끝내 지켜 주지 못해 많이 미안하다. 부디 건강하게 잘 지내길 바랄 뿐이다.

7장
글 써서 지급한 장학금

진실탐사그룹 〈셜록〉에 '수업을 시작하겠습니다' 연재를 시작한 지 3개월, 셜록의 핵심 관계자에게 연락이 왔다.

"선생님! 글을 벌써 여섯 편 쓰셨네요. 장학금이 180만 원 쌓인 셈인데, 이번 추석에 아이들에게 지급하면 어떨까요?"

글을 쓰며 원고료 생각을 하나도 안 했다면 거짓말이지만 막상 '글값'을 받으려니 미안한 생각이 앞섰다.

"요즘 셜록 재정이 어렵지 않나요? 공고 아이들에 대한 글을 실어 주는 것도 고마운데, 정말 장학금을 주시게요?"

괜한 말이 아니라, 나는 늘 셜록의 재정을 걱정한다. 셜록에 소액 구독료를 내는 '왓슨'(정기 유료 독자)으로 활동하고 있지만, 광고나 정부 지원 없이 탐사 보도를 이어 가는 게, 교직에 있는 내게는 도무지 감을 잡을 수 없는 어려운 일로 보이기 때문이다. 어쨌든 생애 첫 원고료를 주겠다니 나쁘지는 않았다. 셜록의 내심을 슬쩍 떠봤다.

"안 주셔도 되는데……. 물론 주시면 우리 학생들한테 너무 좋은 일이죠! 하하하. 근데 진짜 주실 겁니까?"

"다들 걱정하시는데, 셜록은 한 번도 임금이 밀린 적 없습니다."

'수업을 시작하겠습니다'를 연재하면서 셜록은 글 한 편당 원고료 20만 원을 주겠다고 약속했다. 여기에 박상규 셜록 대표가 글이 연재될 때마다 10만 원을 보태기로 했다.

우리는 이걸 공고 아이들의 장학금으로 쓰기로 했다. 공허한 다짐으로 끝날까 봐 연재를 시작할 때 이 약속을 독자에게 공개했다. 글을 쓰고 원고료를 받아 우리 학교 아이들에게 장학금을 주는 흐름. 계획한 일이 실현된다고 생각하니 가슴이 떨렸다. 전화를 끊자마자 나는 교감 선생에게 달려가 다급하게 부탁했다.

"장학금 받을 학생을 추석 전에 선정해 주실 수 있을까요? 아니, 꼭 그렇게 해 주시면 고맙겠습니다."

성마르게 서두른 건 두 가지 때문. 우선 혹시라도 셜록 측이 "원고료를 천천히 주겠다."는 식으로 말을 바꾸지 못하게 원천봉쇄하고 싶었다. 이런 '얄팍한' 생각을 한 건 두 번째 이유와 관련 있는데, 당장의 학업보다 밀린 월세를 먼저 걱정했던 나의 숱한 제자들이 떠올랐기 때문이다.

손에 쥔 마지막 1000원을 동생에게 양보하고 걸어서 학교에 등교한 태영이, 생활비를 버느라 학교에서 늘 졸았던 경수, 할머니와 살았던 중원이……. 이 제자들은 성인이 돼 학교를 떠났지만, 비슷한 처지의 아이들은 여전히 우리 공고에 많다.

모두가 말하는 '풍성한 한가위'가 차비와 월세를 걱정하는 어린 학생들에게도 다가오고 있었다. 연휴가 길다고 많은 사람이 좋아한다. 나의 어려운 제자들도 이런 기쁨을 누리길 바랐다. 나는 교감 선생에게 딱 하나를 부탁했다.

"학교에서 잘 선정하겠지만, 생활이 어려운 학생에게 보탬이 되면 좋겠습니다."

학교는 여러 담임선생에게 추천을 받아 복지위원회를 열어 학생 여섯 명을 선정했다. 원고료 180만 원, 여섯 명에게 나누면 큰돈은 아니지만 조금이라도 따뜻한 추석이 되길 바랄 뿐이다.

시인 이상국이 시 「국수가 먹고 싶다」에 쓴 대로 "세상은 큰 잔칫집 같아도 어디선가 늘 울고 싶은 사람들이 있"는 법이다. 글을 열심히 써야겠다. 몇 개월 뒤에는 또 다른 명절 설날이 있으니까. 설록도 계속 번창하길 바란다. 그래야 장학금이 쭉쭉 쌓일 테니 말이다.

   대기업에 다니는 오랜 친구에게서 며칠 전 문자메시지 하나가 날아왔다. 내 글을 봤다며 친구는 이렇게 적었다.

   잘못된 선입견으로 (공고) 아이들을 바라봤는데, 진심 어린 반성과 사과를 전하고 싶다. 사회 구성원이자 두 아이의 부모로서 매순간 올바른 판단을 하도록 노력할게. 혹시 내가 도움을 줄 수 있는 기회가 있다면 언제든 알려주길.

   글을 열심히 쓰기로 다시 한번 다짐했다.

8장
그는 은밀히 사퇴를 종용했다

바람이 차가워지는 계절이 오면 떠오르는 얼굴이 있다. 그날의 사건은 여전히 꿈에 등장해 고함을 쳐 나를 일어나게 만든다. 기간제를 끝내고 정식 교사로 첫 담임을 맡은 그해 3월, 제자 김양훈을 만났다. 양훈이의 인사는 반 아이들과 달랐다.

"안녀엉! 나는 명문 중학교에서 왔어. 내 꿈은 연세대학교에 입학하는 거야. 잘 지내보자."

공고에 입학해 처음으로 자기소개를 하는 시간, 양훈이의 소개는 남달랐다. 양훈이가 살고 있는 곳은 서울의 강남처럼 최고의 학군이자 높은 집값을 자랑하는 곳이다. 양훈이는 '나는 다르다'는 점을 에둘러 강조한 듯했고, 교실의 아이들은 이런 의도를 금방 간파했다.

"거기에서 꼴찌 해가 공고 왔나 보네!"

"연세대학교에 갈라믄 공고에는 왜 왔노. 공부 못해서 와 놓고 무슨 연대를 간다고 난리고."

거친 피드백이 여과 없이 쏟아지자 양훈이는 고개를 푹 숙이고 자리로 돌아갔다. 피부가 뽀얗고 동그란 얼굴에, 체격이 다소 왜소한 양훈의 몸이 더 작아 보였다. 자리로 돌아간 양훈이는 그대로 책상에 엎드려 다른 아이들의 소개가 끝날 때까지 고개를 들지 않았다.

3월부터 5월까지, 양훈이는 마치 고시 공부 하는 학생처럼 중간고사를 준비했다. 원하는 인문계고 진학에 실패하고 공고에 입학한 자신에 대한 분노를 해소하는 길은 공부밖에 없는 듯했다.

비싼 아파트에 살고, 유명 학원에 다니며, 점심시간은 물론 쉬는 시간에도 공부에 매진하는 양훈이. 반 아이들은 중간고사 1등은 보나마나 양훈이라고 생각했다. 시험이 끝나고 성적이 발표됐다. 양훈이는 16등이었다. 반 전체 학생 28명 가운데 중간에도 못 미쳤다. 아이들의 빈정거림은 만류와

단속을 뚫고 쏟아져 나왔다.

"야, 니 공부도 못하는 게 괜히 설쳤네. 앞으로 찌그러져 있어라잉."

"맨날 지 생각만 하고 살더만, 꼬시다."

"연세대는 무슨, 전문대도 못 가겠구만. 하하하."

양훈이 어깨는 더 움츠러들었다. 어느 날 아침, 양훈이 교무실로 찾아왔다.

"선생님, 죄송한데요. 오늘 조퇴해도 될까요? 제 몸에서 이상한 냄새가 나는 것 같아요. 조퇴가 어려우면 외출해서 씻고 오면 안 될까요?"

아이에게서는 물론이고 교무실에서는 아무 냄새가 나지 않았다.

"그냥 제 몸에서 뭔가 썩는 냄새가 나요. 일단 화장실에 가서 씻어 볼게요."

20분 넘어서야 돌아온 양훈이는 많이 불안해 보였다. 며칠 후, 더 절박한 얼굴로 양훈이가 다시 찾아왔다.

"선생님, 저 자리 좀 바꾸어 주실 수 있어요? 몸에서 계속 이상한 냄새가 나서 뒷문 근처에 앉고 싶어요."

아무 냄새도 안 난다고 말해도 양훈이는 물러서지 않았다. 워낙 강하게 요청한 탓에 양훈이 뜻대로 자리를 옮겨 줬다. 양훈의 위태로운 모습은 나아지지 않았다. 부모님께 상황을 알리고 양훈이 행동을 유심히 살폈다. 다시 양훈이가 교무실로 찾아왔다.

"선생님, 아이들이 제 옆에만 오면 킁킁거려요. 제 몸에서 냄새가 나니까 그러는 것 같아요."

나는 다시 아무 냄새도 안 난다고 양훈이를 위로했다. 혹시 반 친구들의 괴롭힘이 있다면 조치하겠다고 약속했다. 양훈이의 눈에서 분노가 춤을 추기 시작했다.

"선생님도 어제 저를 보면서 킁킁거리셨잖아요!"

"선생님이? 나는 그런 적 없는데?"

"분명히 샘이 킁킁거리셨어요! 어제는 제가 교실에 들어가니까 바로 코를 막았잖아요!"

교무실에 있던 교사들의 눈은 내게로 쏠렸다. 양훈이는 한동안 날카롭게 날 노려보다가 교실로 돌아갔다. 내가 속한 부서 회의가 코앞이어서 양훈이를 따라가지 못했다.

교무실 한쪽에서 회의를 하는데, 저쪽 문으로 양훈이가 다시 들어왔다. 나는 눈빛과 입모양으로 잠시만 기다리라는 신호를 보냈다. 부서 회의는 예상보다 길어졌다. 고개를 돌리니 양훈이는 보이지 않았다. 수업 시작을 알리는 종이 울렸으니, 교실로 돌아간 듯했다. 회의가 마무리될 즈음, 양훈이 대신 반장이 나를 찾아왔다.

"선생님, 양훈이 보셨어요? 수업 시작하고 20분이나 지났는데, 교실에 없어요. 수학 샘이 내려가 보래서 왔어요."

양훈이에게 전화를 걸었지만 받지 않았다. 뭔 일이 터질

듯이 불안했다. 우리 반에서 진행 중이던 수학 수업은 중단됐다. 반 아이들은 흩어져 양훈이를 찾아 나섰다. 30분쯤 강당, 운동장, 체육관 곳곳을 뒤지며 뛰어다녔지만 양훈이는 보이지 않았다. 입이 마르고 손에서 땀이 났다. 부모님께도 소식을 전했다. 반장이 급하게 내 휴대폰으로 연락해 왔다.

"선생님! 지금 양훈이 ○○학과 옥상에 있다고 문자가 왔어요. 너무 힘들대요."

전속력으로 ○○학과를 향해 뛰었다. 우리 학교에서 가장 높은 지대에 있는, 교무실에서도 100미터 넘게 떨어진 곳이다. 나는 덜덜 떨면서 "안 돼, 죽으면 안 돼……."라고 되뇌며 뛰었다. 옥상으로 이어진 계단 끄트머리 창문턱, 양훈이는 몸을 절반쯤 밖으로 내놓은 채 앉아 있었다.

"야, 김양훈!!!"

정신이 없는 상태에서 고함부터 터져 나왔다. 양훈이는 움찔하더니 울음을 터뜨렸다.

"선생님, 저 너무 힘들어요……. 흑흑."

몸을 날려 양훈이 팔 하나를 겨우 잡아당겼다. 양훈이와 나는 학교 건물 안쪽으로 떨어졌다. 숨은 막히고, 귀에서는 '삐이' 소리가 들리고, 눈앞은 캄캄하고……. 그런 내 앞에서 양훈이는 엉엉 울었다. 학교를 흔드는 통곡이었다.

며칠 뒤, 교장 선생이 나를 호출했다.

"지 선생, 양훈이 부모님은 뭐라고 하셨는가?"

"일단 며칠 쉬면서 병원을 좀 다녀 보겠다고 합니다. 양훈이도, 부모님도 많이 놀란 것 같습니다."

"다른 말은 없었나?"

"어떤 말씀 말인가요?"

교장은 나를 빤히 바라봤다. 우리는 한동안 어색하게 말없이 서로를 바라봤다.

"자퇴, 뭐 그런 거 말이야. 생각해 보게. 만약 양훈이가 그날 옥상에서 뛰어내렸다면 우리 학교는 어떻게 됐을까?"

나는 내가 뭘 잘못 들었나 싶었다.

"그야말로 언론 1면에 대서특필됐겠지! 옥상이 잠겨 있었으니 다행이지, 만약 열려 있었다면 우리 학교는 끝장났을 걸세!"

나는 교장을 멍하게 바라봤다. 더 묻지 않아도 의도는 분명했다. '양훈이를 학교에서 내보내라. 자퇴를 유도하라.' 그거였다.

"아직, 휴학이나 자퇴 같은 이야기는 없습니다. 중간고사 이후로 아이에게 약간의 불안 증상이 있었는데, 이렇게 될 줄은 몰랐습니다. 정말 죄송합니다."

교장은 속내를 밝히기 시작했다.

"그러니까 말이야! 지 선생, 양훈이는 살아 있는 시한폭탄 같은 거야. 언제 터질지 모르는……. 고작 시험 하나 망쳤다고 옥상에서 뛰어내릴 아이를 어떻게 학교에서 데리고 있겠나, 안 그래? 부모님을 잘 설득해 보게. 그게 자네도 살길이고 학교도 살길이야. 잘 알겠나?"

교장실을 나오자 마음이 불편했다. 나는 면담에서 학생 보호와 심신 회복, 학교의 문제점 파악, 담임인 내 역할 등에 대한 조언을 들을 줄 알았다. 그런 기대가 빗나가서 슬펐다. 초임 교사에게 교장 선생의 말은 거부할 수 없는 명령처럼 느껴져 마음이 천근만근이었다.

며칠 후 양훈이 집 방문 약속이 잡혔다. 어떻게든 자퇴서를 받아오라는 명령이 우회적으로 떨어졌다. 교사가 된 게 형벌 같았고, 제자의 집으로 가는 길이 형장으로 끌려가는 사형수처럼 영 내키지 않았다. 그럼에도 끝내 양훈이 집의 초인종을 눌렀다.

우울증 진단을 받은 양훈이는 병원에 있었고, 어머니가 나를 맞았다. 양훈이의 롤 모델과 꿈과 희망과 좌절에 관한 이야기를 들었다.

"양훈이한테 형이 하나 있는데, 서울의 ○○대학교에 다니고 있어요. 양훈이의 롤 모델이에요. 그런데 본인은 공부 머리도 없고, 노력해도 안 돼서 공고에 갔는데······. 그걸 받아들이기가 힘들었나 봐요. 공고에서 내신과 스펙 관리를 하면 대학에 갈 수 있다는 말을 듣고, 나름대로 최선을 다했는데······."

이렇게 누군가에게 공고에 다닌다는 건 견디기 어려운

형벌이고, 학력에 따른 차별은 고교 1학년을 학교 옥상으로 밀어 올린다. 양훈이가 공고를 떠난다고 해결될 일이 아니었다. 내면은 이미 상처투성이여서 다른 학교에 다니거나, 독학을 한다고 해결될 것 같지 않았다. 어머니와 나의 판단은 물론이고 병원 측의 진단도 그러했다.

"제가 아이를 잘못 키워서 이런 일이 생겼습니다. 앞으로 양훈이가 잘 극복해야 할 텐데 걱정이네요."

어머니와의 대화 중 지금이 자퇴를 이야기할 최적의 타이밍이라고 느꼈다. 교장 선생의 목소리도 환청처럼 들렸다. 눈을 질끈 감았다가 떴다.

"어머니, 걱정하지 마세요! 제가 이래 보여도 군대에서 조교 생활을 했습니다. 더 극한의 어려운 일도 많았는데, 어떻게든 해결한 경험이 있습니다. 학교에서는 제가, 가정에서는 부모님이…… 우리 힘을 합쳐서 양훈이를 한번 잘 돌봐 보시죠."

이게 아닌데……. 말이 헛나오고 말았다. 되돌릴 수도 없었다. 집으로 돌아가는 길, 마음이 시키는 대로 다 말해 버린 탓인지 속이 후련했다. 교장의 얼굴과 목소리가 자꾸 떠오르긴 했지만 말이다.

약 열흘 뒤, 양훈이는 학교로 돌아왔다. 약을 먹으면 몽롱한 채 축 처져 있었고, 여전히 "아이들이 킁킁거린다."는 말도 종종 했다. 불안과 고통이 이어지는 상태에서 기말고사가 다가왔다. 양훈이 어머니가 학교를 방문했다.

"아이가 기말고사를 치를 상태가 아닌데……. 이러다 영원히 학교를 못 다니면 어쩌죠?"

양훈이는 출입문이 있는 교실 맨 뒷자리를 벗어나면 불안해했다. 하지만 시험을 볼 때 자리 이동은 불가피했다. 번호순으로 앉아 낯선 교사의 감독하에 시험을 치는 건 공고에서도 불문율이다.

결국 기말고사 내내 어머니가 학교에 상주해야만 했다. 원하는 뒷자리에 앉을 수 없는 양훈이는 쉬는 시간엔 어머니의 차에서 머물렀다가, 시험 시작종이 울리면 교실로 들어가 힘들게 시험을 치렀다. 그동안 어머니는 복도에서 대기했다.

이렇게까지 굳이 공고에 다녀야 했냐고? 당시 양훈이와 부모님의 선택, 의사의 진단은 그러했다. 정답은 없었지만, 각자의 의지와 해법은 그랬다. 양훈이도 처음엔 형벌로 여긴 이 학교를 어떻게든 다니고 싶어 했다.

누군가는 하찮게 여기는 그 학교가, 어떤 이에겐 마지막 보루이기도 하다. 나 역시 그 보루를 지켜 주고 싶었다. 그 와중에도 교장은 학교에서 마주치면 잊지 않고 물었다.

"가는(그 아이는) 어떻게 됐노?"

안부를 묻는 게 아니라, 아직도 폭탄을 제거하지 않았느냐는 질타와 압박이었다. 그 아이가 어떻게 됐는지 이제부터 밝히겠다.

　양훈이의 마음은 조금씩 치유되고 안정을 찾았다. 병원 치료로 결석이 잦았지만 학교를 떠나야 할 정도는 아니었다. 2학년, 3학년이 돼서도 병은 완치되지 않았지만 학교를 병원만큼이나 꾸준히 다녔다.

　당사자, 부모님, 여러 교사들의 노력으로 양훈이는 우리 학교를 졸업했다. 졸업 후 2년쯤 지난 뒤에 이런 문자메시지와 함께 사진 하나가 날아왔다.

　　건강하시죠? 제가 이번엔 창의재단에서 주관하는 대학생 발명 대회에서 대상을 받았습니다. 기쁜 마음에 연락드립니다.

　시상식 사진에서 양훈이는 친구들과 웃고 있었다. 그의 미소만큼이나 친구들과 어울리는 모습이 마음에 들었다. 양훈이는 입학 첫날 밝힌 연세대학교는 아니지만 대학에 진학했다. 몇 년 후 양훈이는 대학 졸업식 사진을 보냈고, 취업한 회사 소식을 전했다. 그러더니 어느 날엔 승진했다는 연락을 해 왔다.

　많은 시간이 지났고, 그만큼 많은 게 변했다. 변함없이 공고에서 국어를 가르치는 나는 악몽을 종종 꾼다. 꿈속에서 양훈이는 옥상에 앉아 울고 있고, 나는 어느 날엔 몸을 던져 아이를 구하고, 어느 날엔 실패한다. 그러면 어김없이 소리치며 꿈에서 깨어나고.

대한민국 학교 관련 뉴스에서 좋은 소식을 본 게 언제인지 모르겠다. 온통 안 좋은 소식뿐이다. 우리는 학교에서 무언가를 실패하고 있는 게 분명하다.

한 가지 소식을 더 전하고 싶다. 양훈이를 시한폭탄으로 표현한 그 교장 선생은 몇 년 전 구속됐다. 학교에서 비위를 저질렀고, 끝까지 반성하지 않다가 법정에서 구치소로 끌려갔다. 언론은 대서특필했다. 학교를 위기에 빠트린 건 그분이었다. 그분 역시 무언가를 실패한 게 분명하다.

9장
공고 교사의 목마른 변신

앞서 말했듯이 우리 학교가 위치한 곳은 학구열이 뜨거운 동네다. 이곳의 고등학교들은 대개 방과 후까지 10교시 수업을 하는데, 이것도 부족한지 밤 9, 10시까지 학교에 남는 아이들이 많다.

우리 공고 아이들은 많이 다르다. 학교에 오는 것도, 남아 있는 것도 힘들어한다. 내가 가르친 어느 반은 학기 초 23명으로 시작했으나, 학년 말에는 교실에 16명만 남았다. 1년간 일곱 명이 학교를 떠났다.

공고 아이들은 왜 학교생활을 어려워할까? 저마다 이유와 사정이 있을 테고, 모든 걸 학생과 학부모 사정 탓으로 돌릴 수도 없다. 학교도 아이들의 흥미와 관심을 못 끄는 건 문제다. 학교는 어떻게 달라져야 할까?

2023년 우리 공고는 아이들을 위한 특별 교육과정을 시행했다. 일주일에 하루라도 아이들이 좋아하는 걸 마음껏 할 수 있도록 축구, 당구, 게임, 실용음악, 등산, 필라테스, 헬스 등 '체험 중심 과목'을 개설했다. 교육청의 도움을 받아 만든 '자기 성장 프로젝트'인데, 국영수처럼 정식 교과명으로 못 박았다.

수업은 매주 네 시간씩, 체험 중심으로 자아 탐색반과 자아 성장반으로 운영했다. 학생과 교사 간의 소통을 위해 한 반을 10명 남짓으로 작게 꾸렸다. 교사는 교실당 두 명을 배정했다.

나는 헬스반을 맡았다. 국어 교사가 웬 헬스냐고? 일단 학교에 헬스를 좋아하는 아이가 많았고, 이참에 나도 운동 좀 하자는 사심도 있었다. 새해가 밝으면 동네 헬스장 며칠 다니다 말기를 반복한 수준이지만, 일을 저지르기로 했다. 나는 구체적인 목표 세 가지를 적시한 학생 모집 공고문을 학교에 붙였다.

〈헬스반 모집〉
• 자신 있는 사람만 들어올 것
목표 1: 보디 프로필 촬영

— 선명한 복근을 장착해 전문 사진가에게 보디 프로필 한번 찍읍시다!

목표 2: 보디빌딩 대회 출전

— 입상 못 해도 좋습니다. 최선을 다해 무대에 서는 게 목표입니다!

목표 3: 트레이너 자격증 획득

— 자격증 갖고 있으면 세상살이에 도움이 됩니다! (자격증 취득은 3학년만 가능)

모집 당일 12명 모집에 약 30명이 지원했다. 테스트를 거쳐야 했다. 1차 관문은 인내력 테스트. 팔굽혀펴기 10세트, 스쾃 500개를 체육관에서 시행한 후 다음 날 근육통을 '즐길' 수 있으면 2차 테스트에 오라고 했다. 여기에서 10명이 자진 포기했다.

2차 관문은 성실성과 끈기. 우리 공고 아이들은 방과 후에 학교에 남아 있는 것을 싫어한다. 의도적으로 방과 후 30분 뒤인 오후 5시로 2차 테스트 시간을 잡아 30분간 오래달리기를 했다. 달리기에 앞서 학교에 오래 남을 수 있는 아이인지 따져 볼 심산이었다. 이 과정에서 일곱 명이 탈락해, 최종 13명이 살아남았다. 정원 초과였지만 모두 헬스반으로 받아들였다.

이렇게 반 구성은 완료. 그다음은 무엇을, 어떻게 해야

하지? 일단 일을 저질렀지만 앞이 막막했다. 기초와 체계 없이 무조건 달리고 힘을 쏠 일이 아니었다. 지역의 모 대학 교수님에게 도움을 청했다. 교수님은 아이들을 위해 흔쾌히 5주간 기본 수업을 해 주었다.

이제 본격적으로 운동할 시간. 운동기구는 물론 체육 시설도 마땅치 않았다. 그야말로 산 너머 산. 헬스반 반장 동연이가 나섰다. 녀석은 자신이 다니는 헬스장 대표님을 설득해 큰일을 해냈다. 우리 지역에서만 10개의 헬스 체인점을 운영하는 대표님은 알고 보니 우리 학교 졸업생이었다.

대표님은 시설 좋기로 유명한 헬스장을 우리 학생들에게 무료로 개방했다. 직접 운동을 가르치기도 했는데, 학교는 대표님을 산학 겸임 교사로 채용했다.

자, 이제 모든 준비는 끝. 그다음엔 뭘 해야 하는 거지? 무작정 역기만 든다고 몸이 만들어지는 건 아니었다. 책과 유튜브로 공부하며 무모한 도전을 이어 갔지만, 국어 교사의 한계는 금방 드러났다. 그렇게 4개월이 흘렀다. 나와 아이들은 길을 잃고 헤매기 시작했다.

이러다가 동네 체조 수준에서 끝나면 어쩌나. 마음속 걱정이 근육보다 크게 불어날 즈음, 가까운 선생이 이런 조언을 해 줬다.

"헬스반의 목표를 다시 환기하고, 아이들한테 문제 해결 방법을 찾아보라고 해 보세요."

"우리 공고 애들이 그걸 할 수 있겠어요? 늘 무기력하고 잘 움직이지 않는 아이들인데…….."

교사로서 해선 안 될 말이 내 입에서 나오고 말았다. 깎아내릴 의도는 없다고 해명하려는데, 동료 선생은 내 어깨를 두드려 줬다.

"선생이 안 믿으면 누가 아이들을 믿겠어요. 속는 셈 치고 한번 해 보세요."

나도 모르게 얼굴이 붉어졌다. 조언대로 헬스반 아이들에게 활동지를 나눠 주고, 목표, 헬스반을 통해 얻고 싶은 것 등을 작성하게 했다. 그걸 바탕으로 우리는 자유롭게 이야기를 나눴다. 먼저 형준이가 입을 열었다.

"처음으로 말하는 건데요. 저는 중학교 시절부터 아이들에게 괴롭힘을 많이 당했어요. 그런데 제가 헬스를 시작하고 덩치가 커지자 더는 아이들이 저를 건드리지 않았어요. 저는 헬스를 해서 저처럼 운동이 필요한 사람들을 지도하고 싶습니다."

늘 씩씩했던 형준이가 의외의 고백을 하자 아이들이 술렁거렸다. 남호도 입을 열었다.

"저는 지금 110킬로그램입니다. 뚱뚱하지 않은 적이 없었습니다. 다이어트에 성공해 새 삶을 살고 싶습니다."

헬스반 반장인 동연이가 말을 이었다.

"저는 보디빌딩 대회에 나갈 수 있다고 해서 헬스반에

들어왔어요. 언젠가는 꼭 무대 위에 서 보고 싶은데……. 우리, 대회는 나갈 수 있을까요? 지금 이 몸으로는 아무것도 안 될 것 같아요."

동연이 말대로 이대로는 불가능했다. 적당한 운동으로 지방을 뺄 순 있어도 대회는 어림없었다. 식단을 관리하고, 근육을 극대화하는 등 차원이 다른 노력이 필요했다.

"샘, 동연이 말이 맞아요. 지금은 아무것도 안 될 것 같아요. 애초에 우리는 대회에 나갈 결심으로 모였으니까, 도전은 해 봐야 된다고 생각해요."

나는 두둑해진 '40대의 뱃살'을 쓰다듬으며 아이들의 말을 들었다. 아이들은 생각보다 절실했고 목표도 뚜렷했다. 문제는 공고 아이들이 아니라 교사인 나였다. 머리를 세게 맞은 듯 정신이 번쩍 들었다.

우리는 '100일 챌린지'를 시작하기로 했다. 각자 목표를 설정하고 운동과 식단, 시간 관리에 대한 체계적인 계획을 세웠다. 운동뿐만 아니라 헬스반에서 즐겁게 지내기 위한 나름의 미션도 만들었다. 목표에 이르면 무한 리필 식당 가기, 바다 가기, 캠핑 가서 라면 먹기 등 아이들이 원하는 것을 하기로 했다.

어렵게 정비한 전열이 흐트러지지 않게 동연이와 나는 가장 가까운 때에 열리는 보디빌딩 대회를 찾아 접수했다. WNC 보디빌딩 대회가 7월 22일 부산에서 열릴 터였다.

대회까지 100일도 남지 않은 시점에서 배 나온 아저씨와 열일곱 살 고등학교 1학년들은 과연 해낼 수 있을까? 교사인 내가 모범을 보여야 했다.

나는 하루 끼니를 닭 가슴살 150그램, 탄수화물 150그램(밥 또는 고구마), 사과 한 개, 채소로 구성했다. 운동은 새벽과 저녁으로 2회를 잡았고, 나중엔 이마저도 불안해 점심시간에 아이들과 함께 학교에서 운동했다. 어느 날 동연이 말했다.

"선생님, 죽겠어요. 아무리 해도 지방이 안 빠져요."

누구보다 내가 하고 싶은 말이었다. 40년을 쌓아 온 뱃살은 좀처럼 빠지지 않았다. 학교에서 축 처진 배를 바라보다가 운동복을 입고 운동장으로 달려 나간 게 한두 번이 아니다. 내가 국어 교사인지 태릉선수촌에 입촌한 운동선수인지 헷갈린 적도 있다. 학교의 많은 아이들과 동료 교사들이 응원해 준 덕분에 힘은 들지 않았다. 다만 몸의 변화는 너뎠다.

"샘, 우리 이러다가 보디빌딩 대회에서 입상은커녕 웃음거리만 되겠어요."

다시 동연이 불안감을 토로했다. 어느새 살짝 들어간 배를 쓰다듬으며 내가 위로했다.

"우리 목표는 어차피 무대에 서는 거잖아. 완주하는 것도 의미가 있으니까, 입상은 못 해도 괜찮지 않을까? 대신 복근은 남겠지."

아무리 의미를 부여한다고 해도 목표가 쪼그라드는 건 고통스러운 일이었다. 목표를 그대로 두고 운동 강도를 끌어올렸다. 체중이 매주 2, 3킬로그램씩 빠지기 시작했다. 84킬로그램이었던 몸무게는 두 달 만에 74킬로그램이 되었다.

드라마틱하게 아름다운 몸이 되면 좋겠지만, 키 185센티미터에 몸무게 74킬로그램은 아무리 봐도 40대 아저씨에게 어울리지 않았다. 볼은 야위고, 광대뼈는 더욱 돌출됐다. 운동 시간에 비례해 눈가 주름도 많아졌다. 오랜만에 만난 사람들은 하나같이 물었다.

"어디 아파? 건강검진은 빠짐없이 받고 있지? 조심해. 40대는 한 방에 훅 가는 나이다."

대회가 2주일 앞으로 다가왔다. 탄수화물 섭취를 하루 150그램에서 100그램으로 줄였다. 100그램은 밥 반 공기도 안 되는 양이다. 유산소운동을 더욱 늘렸다. 등과 배의 거리가 더욱 가까워졌다. 피골이 상접했다는 표현이 딱 어울리는 상태였다.

대회 일주일을 앞두고는 아예 탄수화물을 끊었다. 먹을 수 있는 건 닭 가슴살과 과일, 채소뿐이었다. 위기는 대회 전날 찾아왔다. 수분을 조절해야 해서 500밀리리터 물통을 들고 다니며 그걸로만 버텼다. 오후 8시에는 사우나에서 그나마 몸에 남은 수분을 증발시켰다. 어지럼증이 찾아왔다. 뜨거운 몸을 식히기 위해 냉탕에 들어갔을 때, 그 물을 모두 마시고 싶을 만큼 갈증이 심했다.

　드디어 대회 당일, 대회장은 영화 속에서 튀어나온 듯한 조각 미남들과 헐크들로 가득했다. 상대적으로 나의 모습은 초라했다. 대회 당일 몸무게는 68킬로그램이었다. 약 세 달 간 16킬로그램을 감량했다. 키에 비해 몸무게가 너무 적은 바람에 볼륨감이 없어 보였다.

　반면, 동연이는 멋진 몸을 만들었다. 첫 대회임에도 운동과 식단이 조화를 잘 이뤄 훌륭한 몸을 완성했다.

　"선수 번호 213번, 무대로 나와 주세요!"

　강렬한 빛이 무대 위로 쏟아지자 앞이 보이지 않았다. 뿌연 연기 너머에서 관중들의 환호성 소리가 들렸다. 마음을 다잡고 순서를 기억하려 애썼다.

　'광배는 펼치고, 어깨는 내리자. 하체에 힘 빼지 말고, 여유 있는 미소로 심사 위원을 응시하자. 그다음은······.'

　나는 학생들이 바라보고 있다는 사실도 잊은 채, 열심히 포즈를 잡았다. 온몸에 갈색탄을 바르고, 까만 '팬티' 하나만 달랑 입은 채, 마흔을 넘긴 아저씨 교사는 숨을 가다듬었다. 온몸의 미세한 근육까지 크게 보이도록 젖 먹던 힘까지 쏟아부었다.

　학교를 싫어하는 아이들을 어떻게든 학교로 불러내고, 또 붙들어 두려고 시작한 자기 성장 프로젝트. 눈에 보이는 근육만큼 학교에 대한 애정도 부풀어 올랐을까? 어쨌든 우리 헬스반은 첫 대회에서 학생과 교사 모두 입상을 했다.

동연이는 보디빌딩 고등부 1위를 차지했다. 나는 마스터즈 스포츠 모델 3위를 했다. 1위부터 3위까지는 트로피를, 4위부터 7위까지는 메달을 주는데 우리는 보기 좋게 금색과 동색 트로피를 하나씩 받았다. 주최 측은 "교사와 학생의 도전이 아름답다."며 우리를 무대 위로 불러 큰 박수를 유도했다. 실로 오랜만에 들어보는, 우리 공고생들을 향한 박수였다.

"공고 애들은 안 돼."라는 노골적인 괄시 속에서 우리는 함께 노력했고 무대에서 같이 박수를 받았다. "머리 좋은 것이 마음 좋은 것만 못하고, 마음 좋은 것이 몸 좋은 것만 못하다."는 옛말은 교육열 뜨거운 한국에선 언제나 무기력했다. 그 한복판에서 우린 어쨌든 몸으로 무언가를 해냈다.

나는 무대 위의 이 박수와 환호를 아이들이 머리가 아닌 몸으로 오래 기억하길 바랐다. 그 순간 내 마음은 울고 있었지만 눈물은 나오지 않았다. 아이들도 그랬다. 전날에 온몸의 수분을 다 날려 버린 탓이지 싶었다.

이 한 번의 도전과 성취, 무대의 박수는 이후의 많은 걸 바꿨다. 110킬로그램이었던 남호는 25킬로그램 감량에 성공했다. 앞으로 10킬로그램을 더 감량해 보디 프로필을 찍을 계획을 짰다. 헬스 지도자가 꿈인 형준이는 몸이 더욱 커졌다. 벌크 업에 성공했고, 내년 첫 보디빌딩 대회 출전 준비에 돌입했다.

나와 함께 대회에 참여했던 동연이는 지역 고등부 전국체전 감독님과 선수들을 만났다. 감독님은 동연이를 보고 최근 5년간 만난 고등학교 1학년 중에서 가장 몸이 좋다고 말했다. 동연이는 전국체전 출전을 목표로 운동을 하고 있다.

학교로 반가운 전화도 걸려 왔다. 1년간 우리 헬스반의 선생이자 모교 선배로서 학생들을 길러 준 헬스장 대표님이었다. 대표님은 "학교 밖에서 운동하는 후배들이 마음에 걸렸다."며 고가의 헬스 기구를 학교에 기증하겠다고 했다.

그렇다면 나는 우리 공고생들을 위해 또 어떤 걸 준비해야 할까? 오랜 버릇대로 배를 만지며 궁리하는데, 손끝에 식스 팩이 느껴졌다. 아이들과 함께한 '100일 챌린지'가 떠올랐다. 역시 몸은 머리보다 오래 기억한다.

10장 방송으로 이어진 '몸짱' 도전

학생들과 함께 보디빌딩 대회에 참가하기 위해 노력한 이야기를 담은 연재 글이 진실탐사그룹 〈셜록〉에 실린 뒤 방송사에서 연락이 왔다.

"라디오 프로그램 작가입니다. '몸짱' 기사 잘 봤습니다. 설 특집으로 학생과 함께 출연하실 수 있을까요?"

〈셜록〉에 '수업을 시작하겠습니다'를 연재하며 다양한 피드백이 있었지만, 방송 출연 요청은 처음이었다. 실습 현장에서 죽거나 다치는 것이 아닌 이야기로 공업고등학교 학생이 방송에 나오는 건 흔치 않은 일. 거절할 이유가 없었다.

우리 공고에서 진행한 '자기 성장 프로젝트'도 홍보할 수 있으니 학교와 교육청도 좋아할 듯했다. "오케이!"를 외치려는 순간, 걱정이 올라왔다.

'요즘 대세는 보이는 라디오인데, 혹시 방송에서 벗어야 하나?'

2년간 헬스반(나중에는 헬스부로 '승격'되었다)을 운영한 뒤 두 가지를 결심했다. 하나는 생활 스포츠 지도사 2급(보디빌딩) 자격증 취득. 다른 하나는 90킬로그램까지 살찌우기이다. 자격증은 아이들을 잘 가르치기 위해 필요하고, 살찌우기는 더 멋진 몸을 위한 새로운 도전, 일명 '벌크 업'이다.

2023년 첫 보디빌딩 대회에선 68킬로그램에 도전했다. 몸집을 키우는 지금 몸무게는 80킬로그램, 그 탓에 복근이 희미해졌다. 자랑하고 싶어도 내세울 복근이 별로 없다. 그래도 벗으라면 벗겠다고 결심했는데, 작가님은 굳이 그럴 필요는 없다고 했다. 순간 민망했다.

WNC 보디빌딩 부산 대회에서 고등부 1등을 한 동연이에게 연락해 방송 출연 의향을 물었다. 아무리 좋은 일이어도 주인공인 학생이 반대하면 안 하는 게 맞다.

"샘! 대박! 진짜요? 방송국에서는 왜 우리를 보고 싶어 해요?"

"우리가 신기한가 보지, 뭐."

"샘! 가요, 가요! 제가 언제 또 방송에 출연하겠어요?"

자신감인지 순수함인지, 동연이는 별 긴장도 안 하고 기뻐했다. 라디오 출연은 총 25분. 우리 학교 학생들, 동료 교사들, 교육청 관계자들까지 다 들을 텐데, 두서없이 버벅대면 어쩌나 걱정이 앞섰다. 작가님에게 받은 예상 질문지를 동연이에게 전달했다. 자신감 넘치던 동연이의 얼굴이 어두워졌다.

"질문이 이렇게 많아요? 그냥 말해도 힘들 것 같은데, 방송에서 이렇게 많은 걸 어떻게 다 말해요?"

질문은 20개가 넘었다. 발표를 많이 해 보지 않은 공고 1학년 학생에게 쉬운 일이 아니었다. 동연이는 질문지를 받고서야 방송 출연의 무게를 느끼는 듯했다. 길은 사전 준비와 연습뿐이었다.

공고에서 국어 교사에게 배정되는 중요한 업무 중 하나는 학생들의 취업 면접 준비다. 기업 면접에서 나올 법한 예상 질문을 뽑아 학생과 답변을 작성하고, 반복 연습을 통해 자연스러운 발표를 완성하는 것. 대학을 졸업한 사람들이 20대 중후반에 하는 그 일을, 나는 10대 후반의 제자들과 수백 번을 했다. 예행연습은 우리에게 공기처럼 익숙했다.

"동연아, 샘이 먼저 질문에 대한 답을 작성해서 보낼게. 너도 전체 흐름을 보면서 대답을 적어 봐. 글을 쓴다는 느낌보다는 누군가에게 이야기를 한다는 생각으로 자연스럽게 가는 게 좋아."

동연이 대답은 바람 빠진 풍선처럼 힘이 없었다. 열심히 운동해 몸을 만들고, 무대에 올라 많은 사람 앞에서 포즈를 잡던 그 당당함은 보이지 않았다. 자신의 처지, 상황, 기분을 자기만의 언어로 표현하는 게 녀석에겐 아직 익숙하지 않은 듯했다. 방송국에서도 당당하게 말하는 경험과 자신감을 만들어 주고 싶었다. 역시 길은 꼼꼼한 준비와 연습뿐이었다.

고작 질문 10개의 답변을 작성하는 데 두 시간이나 걸렸다. 쓰고 지우기를 반복하며 말을 다듬었다. 동연이도 오랜 시간을 들여 답변을 써 왔다.

나는 헬스반 교사이기도 하지만, 1년간 주 3회 이상 동연이를 가르친 국어 교사다. '참신한 글쓰기', '한 학기 책 한 권 읽기', '매력적인 사람 되기 프로젝트' 등은 국어 수업의 핵심 과정 중 하나였다. 동연이 써 온 답변지를 보니, 지난 1년의 국어 수업을 통해 성장한 게 보여 뿌듯했다. 스스로 썩 괜찮은 국어 교사라는 우쭐한 생각에 빠져 동연이 작성한 답변지를 읽는데, 아래로 갈수록 어색한 느낌이 들었다. 이를테면 이런 식이다.

질문: 헬스반을 소개해 주세요.

답변: 휴대폰 중심의 현대사회 …… 일상에서 건강한 취미를 만들기 위해서 필요합니다. 우리 헬스반은 ……

그동안 글쓰기 과제를 하면서, 동연이는 이런 식으로 글을 쓴 적이 없다. 주로 구어체로, 줄임말을 빈번하게 사용했다. 무엇보다 '현대사회', '건강한 취미' 같은 어휘를 사용하지 않았다. 내가 슬쩍 떠봤다.

"동연아, 아래로 내려갈수록 글에서 너 말고 다른 존재가 자꾸 보이네. 누굴까?"

"사실은…… 챗지피티에게 도움을 좀…….''

인공지능의 도움을 받아서라도 어떻게든 답변지를 완성하겠다는 녀석의 의지로 받아들이고 크게 한 번 웃고 넘어갔다. 여러 번 수정을 거쳐 답변을 완성한 우리는 고시생처럼 달달 외웠다.

우리기 출연할 라디오 프로그램의 '다시 듣기'를 통해 시그널뮤직이 끝나는 순간 재생을 멈춘 뒤, 마치 실제 방송국에 온 것처럼 연습하기도 했다. 진행자와 답변자 역할을 교대로 바꿔 가면서 말이다. 연습이 거듭될수록 동연이는 점점 편안하게 자신의 말투로 이야기를 풀어냈다.

드디어 찾아온 방송 녹음일. 스튜디오에 앉자마자 진행자 아나운서가 물었다.

"자기소개를 해 주실까요?"

"저는 공업고등학교에서 국어를 가르치고 있는 교사 지한구입니다."

"추가로 더 설명해 주실까요?"

마이크 음량을 확인하기 위한 요청일 뿐이었는데, 머릿속이 하얘졌다. 우리는 철저히 질문지 순서에 맞춰 답변을 준비했다. 질문이라는 버튼만 누르면 답변이 술술 나오는 기계처럼 거의 프로그래밍된 상태였다.

그런데 예정에 없던 돌발 질문이라니! 고장 난 기계처럼 머릿속이 뒤엉켰다. 제자 동연이가 당황해하는 나를 안쓰럽게 바라봤다. 사전 녹음이어서 다행이었다. 진행자가 "편안하게 말씀하시다가 뭔가 떠오르면 그냥 말해도 되고, 인터뷰가 끝났어도 더 하고 싶은 말이 있으면 하세요."라고 위로해 줬다. 동연이가 뭔가 결심한 듯 말했다.

"샘, 우리 그냥 답변지 없이 말해요. 적어 온 거 참고하다가 말이 더 꼬일 것 같아요."

교사로 일하다 보면 학생에게 배울 때가 많은데, 이 순간도 그랬다. 동연이는 나보다 확신에 차 있고 담대해 보였다. 오히려 녀석이 나에게 "할 수 있다."는 용기를 주는 듯했다.

"그래, 그렇게 할까?"

동연이는 눈에 힘을 주고 고개를 끄덕였다. 하지만 나는 다시 꼬리를 내렸다.

"아니야. 샘은 너무 불안하다. 그냥 답변지 펴 놓고 해 볼게."

나는 답변지 네 장을 책상 위에 병풍처럼 펼쳤다. 언제든 참고할 수 있도록 눈으로 순서를 익혔다. 이렇게 하지 않으면 이미 엉켜 버린 회로가 영영 회복되지 않을 것만 같았다. 잠시 후 음악과 함께 프로그램 시작을 알리는 진행자의 멘트가 흘러나왔다.

교육 현장이 달라질 수 있음을 이분들을 통해 알 수 있지 않을까 싶은데요. 변화의 가능성을 보여 주고 동반 성장을 이루어 낸 헬스반 주인공들을 잠시 후 스튜디오로 모시겠습니다. 설 선물 보따리처럼 마음에 묵직한 울림을 안겨 드릴 수 있었으면 합니다.

방송이 시작됐고, 순식간에 30분이 흘렀다. 동연의 예상대로 답변지에 적힌 것은 한 글자도 보지 못했다. 능숙한 진행에 이끌려 지난 일을 천천히 소개하다 보니 이미 녹음이 끝났다.

무슨 말을 어떻게 했는지는 잘 기억나지 않지만 동연이의 모습은 지금도 생생하다. 그날 스튜디오에서 동연이는 나보다 차분하게 진행자와 말을 주고받았다. 녀석은 확신에 찬 눈빛으로 지난 일들을 풀어냈다.

방송국에서 덜덜 떤 모습을 제자에게 보여 부끄러운 건 아니다. 이전의 걱정이 기우에 불과했다는 걸 아이들이 스스로 입증할 때, 오히려 교사는 안도와 행복을 느낀다. 진행자가 "헬스반 활동으로 삶의 어떤 점이 크게 달라졌느냐?"고 물었을 때 동연이는 이렇게 말했다.

"중학교 시절엔 발표도 못하고, (학교에서) 잠만 잤는데 지금은 그때와 달라졌습니다. 마음만 먹으면 전 국민 앞에서도 말할 수 있다는 자신감까지 생겼습니다."

불과 1년 전만 해도 중학생처럼 보인 아이였는데, 동연이는 그새 몸도 마음도 훌쩍 자라 있었다. 같은 질문이 나에게도 떨어졌다.

"교사로서 어떻게 아이들에게 다가갈까 늘 고민합니다. 헬스반이 보디빌딩 대회에 나갔다는 소문이 퍼지면서, 한 달간 매일 학생들이 저를 찾아왔습니다. 제게는 학생에게 연결되는 마법의 통로가 하나 생긴 느낌입니다."

'라디오방송 하나로 왜 이리 호들갑이냐.' 싶은 독자도 있을 듯하다. 25분 출연을 앞두고 고시생처럼 답변지를 외우고 예행연습을 거듭했다는 대목에선 웃음이 나왔을 수도 있다. 아무래도 좋다. 누가 뭐래도 우리에겐 소중한 경험이었고, 뭔가를 함께 만들어 가는 과정 자체가 중요했다.

이 책의 서두에서 쓴 대로 어떤 모임에서건 "공고에서 국어를 가르친다."고 하면 사람들의 눈빛은 차가워진다. 공

고생들은 교사인 나보다 훨씬 더 차가운 눈길을 받으며 살아갈 터다. 모든 교육 문제가 입시, 학력으로만 다뤄지는 세상에서 공고 아이들이 받는 소외는 당연한 일처럼 여겨진다. 공고생에게 말을 걸거나 관심을 보이는 어른도 별로 없다. 말을 거는 사람이 없어, 발언할 기회조차 없는 아이들은 스스로를 '변방의 외부인'으로 여기며 살아간다.

나는 내가 가르치는 공고 아이들에게 계속 말을 걸고, 마이크를 쥘 기회를 만들어 주고 싶다. 누구든 스스로를 표현할 권리가 있으니 말이다. 방송에서 진행자는 마지막으로 이런 질문을 내게 했다.

우리 교육이 대학 입시 중심으로 흐르다 보니, 상대적으로 비인문계 학생들은 소외된 면이 없지 않습니다. 현직 교사로서 하실 말씀이 있을 것 같아요.

일종의 다짐과 약속 차원에서 나는 이렇게 답했다.
"사실 일반고와 직업계고로 나눈 것은 우리 어른들이 만들어 놓은 세상이잖아요. 아이들은 아이들일 뿐이거든요. 순수하고 착하고 꿈 많고 열정적이에요. 이 아이들이 제 길을 잘 찾아갈 수 있도록 도와주는 것이 우리 교사들의 역할이 아닌가 싶어요.

그리고 미래를 위해서가 아니라 현재를 살 수 있도록 도와줘야 한다고 생각해요. 지금도 많은 선생님들이 애쓰시고, 우리 학생들도 열심히 노력하고 있는데, 이 친구들이 더 행복해질 수 있도록 우리 모두 노력해야 한다고 생각합니다."

11장
목소리 없는 아이

　어떤 걸 물어도 최성수는 말을 하지 않았다. 내성적인 아이라고 여겨 대답을 강요하지 않았다. 교사의 질문에 머리가 하얘져 아무 말도 떠오르지 않던 경험은 나에게도 있으니까.
　성수의 무응답, 무반응은 정도를 더해 갔다. 출석 확인 시간, 이름을 몇 번 불러도 성수는 대답하지 않은 채 멀뚱히 나를 바라봤다. 당황한 나는 반 아이들에게 도와 달라는 눈빛을 보냈다.
　"샘, 성수는 중학교 때도 말을 안 했어요. 성수 목소리 한 번 들어보는 게 소원이에요."

반 아이들이 자기 이야기를 해도 성수는 표정 변화조차 없었다. 날 빤히 바라보더니 책으로 시선을 옮겼다. 말하기 싫으면 "패스"를 외치면 되는데, 성수는 그 두 글자마저 귀찮은지 외면했다.

그러다가 어느 날엔 수업 중반에 엎드려 자기 시작했다. 어깨를 다독여 깨워도 다시 책상에 엎드렸다. 아무리 일으켜도 일어나지 않았다. 여기서 밀리면 수업 분위기는 완전히 망가진다.

"최성수, 일어나. 졸리면 뒤로 가서 서서 수업 들어."

단호한 어조로 말했다. 책상에서 고개를 든 성수는 한마디 대꾸도 없이 교실 뒤로 걸어갔다. 새 학기가 시작된 지 벌써 1개월, 아직 목소리 한 번 들어보지 못한 성수는 교실 뒤에서 날 바라봤다. 건조한 눈빛이 수업 내내 부담스러웠다.

공업고등학교에서 국어를 가르친 지 15년, 이런 아이는 처음이다. 수업 중 졸거나 엎드려 자는 아이들을 깨우면, 보통 적극적인 항변이 돌아온다.

"어제 잠을 제대로 못 잤어요."

"수업을 듣고 싶지 않고, 저한테 별 도움도 안 되는 거 같아요."

"밤늦게까지 아르바이트를 해서……."

하지만 성수는 달랐다. 교사의 지도에 순순히 응했고, 졸음 사건 이후 수업도 비교적 열심히 들었다. 다만 말은 하지 않았다.

 책을 읽는 수업 시간. 아이들은 각자 자신이 좋아하는 책을 들고 와서 읽으면 된다. 새 학기 첫 시간부터 신신당부 했기에 아이들 대부분이 책을 가지고 왔다. 하지만 성수는 아니었다. 책상 위에 아무것도 펼치지 않은 채 무표정한 얼굴로 나를 빤히 바라봤다. 역시 부담스러웠다. 쉬는 시간, 성수를 복도로 불렀다.

 "책을 안 가져온 이유가 있을 텐데……. 성수야, 혹시 무슨 일이 있니?"

 "……."

 "책을 구했는데, 깜빡 잊고 안 가져온 건가?"

 "……."

 성수의 무반응에 오히려 내가 무안해졌다. 다그쳐서 될 일이 아닌 건 분명했다. 나는 어색하게 웃으며 성수의 어깨를 두드렸다.

 "다음 시간에는 꼭 가져와. 우리 잘해 보자. 파이팅!"

 다음 시간에도 성수는 책을 가져오지 않았다. 어르고, 달래고, 부탁하고, 짐짓 엄하게 말해도 성수는 역시 이유를 말하지 않았다. 목소리마저 들려주지 않았다. 무시당한 듯한 모욕감마저 들었고, 화병으로 쓰러질 것만 같았다. 수업을 마치고 성수와 면담을 시도했다.

 "성수야, 혹시 어디 아프거나 불편한 데가 있어? 말을 못 할 사정이 있으면, 아니 말을 하기 싫으면 글로라도 표현을 해 볼래? 선생님이 말이야…… 음, 뭐랄까…… 네가 빤히 보기만 하고 말을 안 하니까 무시당하는 기분이 든다. 네가 어떤 신호라도 보내야 선생님이 그에 맞춰 반응이라도 할 텐데…….”

그렇게 혼자 10분 가까이 떠들었다. 성수는 답답해하는 나를 멀뚱히 바라보기만 했다. 정말이지 미칠 노릇이었다. 면담 후 성수의 담임교사를 찾아갔다.

"성수가 저에게도 이야기를 하지 않아요. 걔 입학하고 목소리를 한 번도 못 들어 봤어요. 혹시 성수 부모님과 통화해 보시겠어요?”

담임도 답답하기는 마찬가지였다. 그날 밤, 성수 어머니한테서 전화가 왔다.

"성수가 집에서는 아주 조금 말을 하긴 합니다. 근데 학교에서는 통 입을 안 열어요. 중학교 때도 그랬는데…… 너무 윽박지르지는 말아 주세요.”

어머니 역시 성수가 왜 그런지 이유를 몰랐다. 본인도 많이 답답하다면서 "억지로 말을 강요하지는 말아 달라.”고 몇 번을 당부했다. 성수가 집에서는 아주 약간이나마 말을 한다는 사실에 나는 안도했다. 다음 책 읽기 수업 시간, 성수는 책을 가지고 왔다.

"우와, 성수야! 책을 가지고 왔네. 대박! 무슨 책이야?

이거 재밌는 거냐?"

 나는 아이들 앞에서 호들갑스럽게 성수를 칭찬했다. 성수는 별 반응도 없이 책장을 넘겼다. 책 첫 페이지에는 작은 메모가 적혀 있었다.

 우리 멋진 아들 성수야. 엄마가 많이 사랑하는 거 알지? 책 재미있게 읽어.

 찰나에 본 메모는 머리에 깊이 박혔다. 성수 부모님은 지금까지 얼마나 많은 교사의 전화를 받았을까. 좀처럼 신호를 보내지 않는 아들의 내면에 닿기 위해 엄마는 여러 방법을 썼다. 기다림도 아들에게 가는 길 중 하나였다. 나는 성수의 책을 잠시 빌려와서 엄마의 메모 아래에 짧은 글을 썼다.

 성수야, 나는 네가 참 좋은 아이인 것 같다. 우리 학교, 좋은 학교야. 처음에는 조금 어렵겠지만, 한 해 동안 즐겁고 재미있게 지내보자. 힘든 일 있으면 언제든지 샘을 찾아와! ― 국어 샘

 성수는 메모를 확인하고, 잠깐 나를 바라보더니 책을 읽기 시작했다. 책을 읽다가 나의 위치를 살피거나, 이따금 내가 옆을 지나갈 때는 책을 얼굴에 더 가까이 붙이고 열심

히 읽고 있다는 신호를 보냈다.

　성수는 얼마 지나지 않아 새로운 책을 들고 왔다. 거기에도 엄마의 메모가 적혀 있었다. 그 아래에 나도 메모를 남겼다. 그 뒤, 성수가 가져오는 모든 책 첫 페이지에는 엄마와 나의 메시지가 적혔다. 그것이 성수와 소통하는 유일한 창구였다.

　독서 후에는 꼭 일지를 써야 했는데, 성수의 문장은 한두 줄을 넘지 않았다. 말을 하지 않는 아이가 한 문장이라도 쓴 게 어딘가 싶어 나는 성수의 그 짧은 표현에 최대한 긴 피드백을 남겼다.

　'책 일지'에 적는 성수의 글은 한 문장에서 두 문장으로, 두 문장에서 다섯 문장으로 점점 늘었다. 어느 순간엔 열 문장을 쓰기도 했다. 일지를 적는 시간엔 일부러 빨리 쓰고는 나의 반응을 먼저 기다리기도 했다. 그렇게 녀석과 나 사이에 아주 좁은 소통의 길이 열렸다.

　책 읽기 수업이 잘 진행되자 다른 수업에서도 길이 열렸다. 나는 성수만의 특별 과제를 줘서 참여를 유도했다. 발표 수업 때는 시나리오 쓰기 과제를 내주었고, 토론 수업에서는 요약 과제를 수행하도록 했다. 모둠별 수업에서는 정보 검색 혹은 자료 정리 등의 역할을 성수에게 맡겼다. 우리는 조금씩 말 대신 글과 눈빛으로 소통하는 방법을 익혔다.

　한 해 동안 성수를 열심히 지도했지만 나는 끝내 성수의 목소리는 듣지 못했다. 학교의 다른 누구도 마찬가지다. 어쩌면 성수의 마음속 깊은 곳까지 다가가지 못했는지도 모른다. 마지막 수업에서 성수에게 말했다.

"성수야, 처음에는 선생님이 답답해서 안달이 났다. 말 많은 국어 샘이 말로 소통 못 한다면 정말 최악의 상황이거든. 그런데 지금 가만히 생각해 보니까 누구보다 네가 가장 힘들었을 거 같다. 학기 초반에 말하라고 강요한 거, 미안하다. 샘이 사과할게. 샘은 늘 학교에 있으니까, 뭐 필요한 거 있으면 문자나 쪽지 해라."

국어 수업에서 말 한 번 안 하고 진급한 학생은 성수가 처음이다. 때로는 말하기보다 잘 듣는 것이 중요한 세상이니 성수가 큰 어려움 없이 고교를 졸업하기를 바랄 뿐이다.

학교에서 한마디도 하지 않는 성수. 특별한 아이일까? 어떤 면에서는 그렇지만, 내가 일하는 공고에서는 그리 놀라운 사례가 아니다. 우리 공고에는 정말 다양한 아이들이 다닌다.

경계선 지능 장애를 가진 아이가 있고, 한글 외에는 별다른 지식을 습득 못 한 아이도 있다. 부자 부모님 밑에서 사고뭉치로 자란 녀석이 있는가 하면, 부모님 얼굴을 모르거나 부모님이 계셔도 무슨 일을 하는지 모르는, 혹은 일부러 알려고 하지 않는 아이도 있다.

매년 3월 새 학기가 시작되면 어김없이 '역대급으로' 개성 강한 아이들이 입학했다는 이야기가 나온다. 중학교 시절 수업을 거의 들어가지 않았던 아이, 각종 사건 사고에 연루된 아이, 우울증으로 배움에 어려움을 겪는 아이 등.

누군가는 공고에 다니는 아이들을 '문제아', '낙오자'라 부르곤 한다. 이런 가혹한 차별과는 상관없이 나는 3월 새 학기가 시작되면, 아무 일 없다는 듯 다시 처음부터 수업을 시작한다. 모범생이 있으면 사고뭉치가 있고, 1등이 있으면 꼴등이 있으며, 비장애인이 있으면 장애인이 있는 건 너무 당연한 일이니까. 이들이 한데 섞여 공부하고, 놀고, 웃고, 떠들고, 때로는 다투고, 갈등하고 또 화해하는 곳, 그게 바로 학교니까.

올해 그랬듯이 나는 내년에도 아이들과 윤동주의 「별 헤는 밤」을 읽을 것이다. 그리고 정희성이 「저문 강에 삽을 씻고」에서 표현한, 날 저물면 "스스로 깊어 가는 강"의 이미지를 떠올려 볼 것이다. 누군가는 책상에 엎드릴 테고, 나는 다시 깨우고, 반항하고, 달래고, 답답해하고, 화해하고…….
그러면서 또 어떻게든 내일로 나아갈 것이다. 성수와 내가 그랬듯이.

12장

성적 하위 20퍼센트 학생을 둘러싼 경쟁

중학교 교무실에 들어서자 3학년 부장 교사의 호통 소리가 귀를 때렸다.

"여기가 어디라고 들어오십니까! 당장 나가세요! 앞으로 그 학교에 학생 보내는 일은 없을 겁니다!"

나와 함께 중학교를 찾은 선배 교사는 연신 고개를 숙였다. 어쩔 줄 몰라 주변을 두리번거리던 나도 선배를 따라 고개를 숙였다.

"학생을 데려간다고 했으면 책임을 져야죠! 이제 믿을 수가 없습니다. 가세요, 가! 두 번 다시 오지 마세요!"

교무실의 공기는 무겁게 내려앉았다. 우리에게 눈길을 주는 사람은 없었다. 분노에 찬 부장 교사의 거친 숨소리만 규칙적으로 들려왔다. 망부석처럼 한참을 서 있던 선배 교사는 허리를 숙여 교무실 바닥에 대고 말했다.

"정말 죄송합니다."

초임 교사 시절에 겪은 이 모욕적인 일은 10여 년이 지난 지금도 잊히지 않는다. 사건은 우리 공고 진학을 지원한 ○○중학교 3학년 학생이 불합격하면서 벌어졌다. 해당 중학생이 성적이 안 좋아 벌어진 일. 그럼에도 우리 학교의 고참 교사가 중학교로 달려가 머리를 조아린 일대 사건.

여기에는 많은 사람이 모르는, 어쩌면 교육 당국이 감추고 싶어 하는 살벌한 특성화 고교 입시 문제가 있다. 중학교 성적 하위 20퍼센트 학생을 '모시기' 위한 교사들의 양보 없는 치킨 게임은 해마다 11월에 벌어진다.

이 시기에 중학교 3학년들은 진학할 고교를 선택한다. 성적순으로 소수의 학생이 과학고·외국어고 등 특목고, 민족사관고등학교와 같은 자율고와 영재고에 지원하고, 대다수의 학생은 일반고(인문계고) 진학을 결정한다. 에둘러 가지 말자. 절대다수 한국 사람들이 '일반고'라는 표현을 쓴다.

해마다 차이가 있지만, 중학교 성적 80퍼센트 안쪽 아이들이 일반고에 진학하고 그 외 학생들이 공고 등 특성화 고교에 들어온다. 우리 학교가 속한 지역에는 20여 개의 특성화 고교가 있다. 아이들이 원하는 학교에 지원하고 학교가 이를 수용하면 아무 일 없겠지만, 현실은 그렇게 간단하지 않다.

일단 간절한 꿈을 위해 특성화고에 오는 학생은 거의 없다. 공고에 진학해야 하는 여러 학생과 학부모는 현실을 받아들이는 일명 '충격 흡수' 시간을 거친다. 현실 인정을 마치면 다음 고개를 넘어야 한다. 집에서 가깝고, 취업 잘되고, 대학 진학까지 되는 '명문 공고'의 문은 넓지 않다. 여기에서도 밀리면 학생과 학부모는 다시 큰 상처를 받는다. 학교 서열화가 주는 고통은 공고 쪽도 예외는 아니다.

중학교에서 곤욕을 치른 그해 어느 날 우리 학교에서 있었던 일이다. 입시를 담당하는 교무부장이 교무실에서 마이크를 잡았다.

"선생님들, 수업은 '적당히' 하고 중학교로 나가세요. 가서 3학년 담임샘들과 어떻게든 친해져야 애들을 한 명이라도 더 보여 줍니다. 혹시 중 3 담임샘 아시는 분이 있으면 말해 주세요. 학연, 지연 모든 걸 동원해서라도 (입학 신입생 정원) 미달을 막아야 합니다!"

학교는 입시를 담당하는 TF팀(특별 전담 조직)을 꾸렸다. 당시 우리 공고에는 교사가 약 120명이었는데, 절반이 TF

팀에 배정됐다. 교사 한 사람당 중학교 두세 곳이 일괄 배정됐다. 수업보다는 학생을 모집해 오라는 일종의 '영업' 지시였다.

중학교에서 학생 면담을 허락해 준다면 좋겠지만, 그런 학교는 많지 않았다. 수십 개의 특성화고 소속 교사들이 영업을 위해 밀려드니 중학교의 인색함도 이해 못 할 바는 아니다. 원서 접수를 한 주 앞둔 어느 날, 출근 시간 전에 우리 학교는 전 교사에게 이런 메시지를 보냈다.

> 오늘부터는 학교에 들어오지 마세요. 모두 중학교에 나가서 사활을 걸고 학생들을 모아 오세요. 확보되는 자원(학생)이 있으면 바로 보고하세요.

이 지역의 100여 개 넘는 중학교들에 담당 교사가 배치됐다. 오전 8시 30분부터 오후 4시 30분까지, 어떻게든 중3 학생을 확보하라는 임무가 떨어졌다. 영업 실적은 실시간 보고가 원칙이었다. 나는 혼자 중학교에 가기가 무서웠다.

"저…… 여기 3학년 부장 선생님 계신가요?"

나를 환영하는 중학교는 없었다. 내가 찾는 3학년 부장 교사는 한 시간째 오지 않았다. 교무실 구석, 농구공 크기의 동그란 의자가 내게 주어졌다.

보기 민망했는지 내게 "다음에 오라."고 말하는 교사가 많았다. 그럴 순 없었다. 스마트폰을 보면 이 끔찍한 시간이 빨리 갈까 싶었지만, 그건 올바른 영업 자세가 아니었다. 멍하니 허공을 보며 견디고 또 견뎠다.

한 교사가 A4 용지 상자를 나르기에 소매를 걷어붙였다. 약 20분간 A4 용지 30상자를 옮겼다. 내친김에 복합기와 컴퓨터를 연결하는 프로그램도 고쳐 줬다. 그러고는 아무 일도 없었던 양 다시 그 자리에 앉았다. 세 시간을 기다렸지만 3학년 부장 교사는 만나지 못했다.

다음 날에도 같은 중학교에 가서 같은 의자에 앉았다. 마음은 농구공만 한 의자 크기로 쪼그라들었다. 그다음 날에도 그 의자에 앉았다. 3일간 학생 면담 한 번 못 했다. 네 번째로 그 학교를 찾은 날, 내가 A4 용지 상자 나르는 걸 도와준 교사가 조용히 교무실 밖으로 날 불렀다.

"선생님이 일하는 공고랑 가까운 곳에 사는 아이가 한 명 있는데, 만나 보실래요?"

그렇게 중학생 한 명을 겨우 면담했다. 모든 교사가 영업을 뛰어도 입학 정원 미달은 피하기 어려웠다. 교장 선생의 불호령이 떨어졌다.

"도대체 뭐 하는 겁니까! 학교 망하면 당신들이 책임집니까? 교무부장, 중학교별로 최근 3년 치 지원 현황 파악해 보고하세요. 선생님들은 무조건 목표치를 달성시키세요!"

입시 기간이 싫었다. 수시로 중학교 집단 홍보에 불려 나가고, 마지막 2주 정도는 아예 교실에도 들어갈 수 없었다. 잠깐이라도 시간이 생겨 수업을 하면 "입시에 집중하지 않는다."며 질책을 받았다. 그렇게 공고의 교실이 무너졌다.

배정된 중학교에서의 '영업' 강도는 매우 높았다. 중학생과 면담할 기회를 얻으면, 어떻게든 아이의 마음을 얻기 위해 온갖 애를 썼다. 사비를 털어 과자, 햄버거, 초콜릿 등으로 아이들의 환심을 사기도 했다.

신제품을 발표하는 왕년의 스티브 잡스처럼, 나는 우리 학교의 성공 스토리를 끌어모아 이 세상에 둘도 없는 유토피아처럼 학교를 홍보했다. 나의 홍보와 설득이 먹히면 그 학생과 새끼손가락도 걸고, 손도장도 찍고, 우리 학교에 지원하겠다는 다짐을 받고 또 받아 냈다. 이 모든 게 성공하면 나는 학교의 '입시 본부'에 보고했다.

그렇게 중학교 영업에서 성과를 내고 교문을 빠져나가는데, 누군가의 따가운 시선이 느껴졌다. 나처럼 영업을 뛰는 다른 공고의 교사였다.

"이보세요, 샘! 방금 샘께서 면담한 그 학생은 우리 학교에 지원하기로 했는데, 그렇게 빼 가면 어떻게 합니까! 이게 지금 뭐 하는 겁니까!"

학생 한 명 한 명은 모두 특성화고 교사의 실적이었다. 나의 실적은 그에겐 타격이었다. 나는 더없이 서글펐다. 중학교에서 나오는데, 내면에서 어떤 목소리가 들렸다.

'지금 너는 교사가 아니야. 너는 영업 사원이야. 너는 오늘 많은 실적을 올려야 하고 그래야 월급을 받을 수 있어. 다른 생각 말고 입시 끝날 때까지 앞만 보고 달려. 좋은 아이들을 데려와야 수업하기도 편하고 학교도 안 망하지.'

학령인구는 해마다 줄고, 공고 기피는 그보다 더 빠르게 느는 상황. 학생 미달로 반 하나가 줄면, 교사 두세 명이 학교를 떠나야 한다. 해고 통보는 기간제 교사부터 받는다. 내면에서 다른 소리도 들렸다.

'너 지금 뭔 짓을 하는 거냐? 아이들에게 합리적인 정보를 주고 스스로 선택하게 해야지. 네가 뭔데 아이들의 선택에 관여해? 방금 그 중학생에게 한 말, 네 자식에게도 똑같이 하면서 권유할 수 있어?'

괴로웠다. 객관적으로 우리 학교보다 더 좋은 곳에 갈 수 있는 학생을 우리 학교에 지원하라고 설득한 날, 나는 그 아이를 차에 태워서 우리 학교 교무실로 데려 갔다. 학교에서는 마치 귀인이라도 만난 것처럼 격한 환영을 해 줬고, 학생은 우리 학교에 지원할 결심을 굳혔다. 학교는 나의 전략을 크게 칭찬했고, 칭찬이 반복될수록 양심의 가책은 눈덩이처럼 불어났다.

'실적 좋은 교사, 학생을 속였다.'

입시 막바지에 이른 어느 날, 나는 하필이면 모교인 중학교에 배정됐다. 20년이 지나 교사 신분으로 돌아온 모교에서 나는 영업을 뛰어야 했다. 하지만 입이 떨어지지 않았다. 자괴감을 느낀 나는 영업을 포기했다. 실망한 학교는 곧바로 나를 TF팀에서 제외했다.

원서 접수 당일, 모든 교사가 다시 중학교에 배정됐다. TF팀에서 제외된 나는 교무실 정상 근무를 지시받았다. 할 일도 없고 갈 데도 없던 나는 공허한 교무실에서 투명 인간처럼 자리에 앉아 있었다.

모두가 간절하게 신입생 충원율 100퍼센트를 달성하기 위해 달리고 있을 때, 아무런 역할도 없이 지켜보게만 만드는 것, 아주 잔인하고 효과적인 형벌이었다. 원서 접수 마감 10분 전, 교무부장의 박수 소리가 들렸다.

"다 찼습니다! 가집계 결과, 충원율 100퍼센트입니다! 아직까지 지원하지 않은 학생들은 원서를 쓰면 떨어질 수 있으니 모두 다른 학교에 지원하도록 안내하세요."

교장과 교감의 박수 소리도 들렸다. 100퍼센트 충원만 되면 학급이 감축되지 않으니 관리자로서는 성공이었다. 사고는 이 환희의 순간에 터졌다.

당근과 채찍을 동반한 학교의 영업 전략은 가집계 오류를 불렀다. 충원율 100퍼센트 초과, 결코 좋은 게 아니다. 애써 설득해 우리 학교에 지원한 어느 학생은 '공고 불합격'이라는 충격적인 결과를 받아야 했다.

그 학생은 다시 입학 정원이 미달된 곳을 찾아, 길게는 꽃피는 봄날까지 이 학교 저 학교를 전전해야 했다. 그 형벌의 아픔은 오롯이 그 학생과 가족의 몫이었다. 서두에 묘사한 모욕적 상황은 우리 공고에서 떨어진 학생이 다녔던 중학교의 복수였다. 사실 그건 아무것도 아니다. 당시 우리 학교가 취한 입시, 아니 영업 전략은 몇 년 뒤 참혹한 성적표로 돌아왔다.

무리한 영업에 의한 '신입생 충원율 100퍼센트' 실적은 학교의 근본적인 혁신을 가로막았다. 결국 우리 학교는 몇 년 뒤 대규모 미달 사태를 겪었다. 명문 고등학교는 단기 영업으로 만들어지는 게 아니었다. 우리 학교는 다섯 개 학급이나 감축됐고, 20명이 넘는 교사가 학교를 떠났다. 가장 약한 기간제 교사가 말이다.

몇 번의 큰 상처를 겪은 뒤, 비로소 학교는 변화와 혁신에 나섰다. 억지 홍보가 아닌, 학생이 먼저 오고 싶은 학교를 만들기 위해 많은 교사가 나섰다. 최근에는 여섯 개 학과 중 절반을 재구조화해 교육부로부터 승인도 받았다. 큰돈을 투자받아 시대와 미래에 맞는 학과로 개편했다.

우리 학교는 시 교육청 '2023년 공간 조성 사업'에 응모해 당선됐고, 교실 80개를 리모델링할 수 있게 됐다. 교실당 3000만 원씩 약 24억 원이 지원된다.

중학교에서 영업하며 학생들에게 한 말을 종종 복기하곤 한다. 나는 정말이지 우리 학교를 유토피아처럼 묘사했더랬다. 그 말빚을 갚으려면, 나는 좋은 학교를 만들기 위해 평생 노력해야만 한다.

13장

자퇴한 공고생의 거칠고도 쓸쓸한 귀환

입학식장 뒤쪽에서 시작된 웅성거림은 하필이면 교장 선생이 축사를 할 때 절정에 달했다. 공고 신입생들의 시선은 앞쪽 강단이 아닌 뒤쪽으로 쏠렸다. 교복 대신 트레이닝복을 입고, 운동화 대신 맨발에 슬리퍼를 신은 아이들이 바지 주머니에 손을 찔러 넣은 채 나타났다.

신입생 보러 애써 폼 잡고 나타난 2학년 학생은 모두 네 명. 교사들이 가만히 있을 리 없었다.

"동네 깡패도 아니고, 저것들이…… 야, 느그들 뭐야!"

학생부장 교사가 네 명을 데리고 나가면서 소란은 정리됐다. 매년 반복되는 '2학년 선배들의 이벤트'는 입학식 끄트머리에서 특별한 일이 되고 말았다. 강당에서 잠시 빠져나오자 문제의 네 학생이 주변을 배회하는 게 보였다. 작년에 국어를 가르쳤던 아이들이어서 낯이 익었다. 나는 '리더급'으로 통하는 두 아이의 손을 잡았다.

"신입생 보고 싶어서 왔나? 오늘은 그만하고, 샘하고 교실 드가자."

순순히 따라오는 정우와 달리 정민이는 손을 황급히 뺐다. 아이들 모두 당황한 눈치였다.

"샘, 저 자퇴했는데요?"

갑작스러운 말에 내 눈이 커졌다. 옆에 있던 정우가 어색한 분위기를 깨려고 크게 웃으며 말했다.

"정민이는 교실로 안 가서 좋겠네."

정민이는 자퇴가 별일도 아니라는 듯, 미소를 지으며 날 바라봤다. 묻고 확인할 게 많았으나 친구들 앞에서 할 일은 아니었다. 세 학생을 교실로 보내고, 나는 정민이와 다시 입학식장으로 들어갔다.

"자퇴도 한 놈이 후배가 보고 싶어서 왔나? 샘이 지켜줄 거니까 맘껏 봐라."

아까 등장할 때와는 달리 정민이 얼굴은 어두워졌다.

"샘, 저 그냥 갈게요. 그냥…… 이제 재미가 없네요. 건강하시고 담에 봬요, 샘!"

친구들 없이 입학식장에 선 정민이는 금세 현실을 자각한 듯했다. 학교에 있지만 더는 학생이 아니고, 신입생들의 선배라고 하기엔 뭔가 어정쩡한 존재가 됐다는 걸 말이다. 뒤돌아 도망치듯 강당을 떠나려는 정민이의 손을 나는 다시 잡아끌었다.

녀석이 나를 이상한 눈으로 바라봤다. 작년 우리가 처음 만났을 때처럼, 얼마간의 반항기가 섞인 뭔가 아슬아슬한 눈빛이었다.

지난해 3월, 입학식 즈음의 일이다. 자전거를 타고 학교로 출근하는데, 교복을 입진 않았지만 왠지 우리 학교 학생으로 보이는 아이가 걸어가며 담배를 피우고 있었다. 학교와 가까운 곳이었다.

"니, 여(여기) 다니지? 따라와!"

아이는 반항심 가득한 눈으로 날 쏘아봤다.

"아저씨 누군데요?"

"느그 학교 선생님이다."

아이는 고개를 숙이지 않았다.

"그냥 가던 길 가세요. 저 그 학교 안 다녀요."

아이는 이런 대립에서 어떻게 하면 우위를 점할 수 있는지 잘 아는 듯했다. 만만한 상대가 아니었다. 나는 자전거에서 내렸다.

"담배 사는 게 불법이지 피우는 건 불법 아닌데요? 자꾸 이라시면 아동학대로 신고할 거예요."

담배 피우는 아동이라……. 엉성한 논리에 헛웃음이 나왔다. 출근길에 아이와 계속 다툴 수 없어, 다시 자전거에 올랐다.

"그래, 니 우리 학교 학생도 아닌데 미안하다. 아저씨는 갈 길 간다!"

다음 날, 한 커피 전문점 앞에서 우리 학교 교복을 입은 학생 세 명이 '당당하게' 담배를 피우고 있었다. 그냥 지나칠 순 없었다. 내가 다가가자 아이들은 황급히 담뱃불을 껐다. 명찰 색깔을 보니 신입생들이었는데, 어제 길에서 만난 아이도 거기 있었다. 명찰에 새겨진 이름은 '한정민'이었다.

"한정민…… 니 우리 학교 안 다닌다면서?"

"거짓말한 건데요? 거짓말 좀 한 거 가지고 왜 소리를 지르세요?"

어제와 똑같은 태도. 열일곱 살에 벌써 세상을 다 안다는 듯한 과잉된 반항심과 적개심이 정민의 말투와 눈빛에서 뚝뚝 떨어졌다.

"내가 소리 질렀나?"

"방금 질렀잖아요. 소리 지르는 것도 언어폭력인 거 모르세요?"

다른 학생이 상황을 정리하려고 나섰다.

"샘, 저희 한 번만 봐주세요. 다시는 안 피울게요. 담배 피우다 걸리면 무조건 선도위원회 회부된다 카던데, 3월부터 부모님을 학교에 오시게 할 순 없어요."

10여 년간 공고 교사로 일하며 담배 피우는 학생을 학생부에 넘긴 적은 한 번도 없었다. 그런다고 해결될 일이 아니라는 걸 알기 때문이다. 이번에도 적당한 엄포와 훈계로 상황을 끝냈다.

며칠 뒤, 한 1학년 교실에 수업을 들어갔더니 맨 뒷줄에 앉은 정민이가 보였다. 눈이 마주친 정민이는 고개를 숙였다. 나 역시 특별히 알은척하지 않았다. 한 달 뒤, 정민이와 함께 담배를 피웠던 아이 한 명이 학교를 떠났다. 정민이도 교권 침해, 흡연, 고高벌점 등으로 역시 징계 위기였다. 학교를 가장 먼저 그만둘 법했던 정민이는 꾸준히 출석했다. 비록 점심때쯤 왔다가 한두 시간 놀고 가는 듯했지만.

알고 보니 정민이는 비행 사건으로 보호관찰 중이었고, 그나마 학생이어서 '보호처분'을 받았다고 했다. 학생이 아니었으면 소년원에 갈 수도 있었다고 하니, 어쨌든 학교라는 울타리는 정민이에게 보호막인 셈이었다.

학교 밖에서 나와 두 차례 대립한 것으로 인연을 맺은 정민이는 내가 가르치는 국어에 별 관심이 없었다. 정민의 첫 질문은 다소 엉뚱했다.

"샘, 어떻게 하면 어깨를 넓힐 수 있어요?"

일전에 날 아저씨라고 부른 정민이가 이번엔 '샘'이라고 불러 주다니. 먼저 말을 걸어 준 것 자체가 고마웠다. 정민이는 권투를 배웠고, 나는 학교에서 헬스반을 운영하고 있었다. 운동이라는 연결 고리 덕분에 정민이가 내게 먼저 다가온 것. 이 기회를 잘 살리고 싶었다.

"니, 팔굽혀펴기 잘하나? 그거 하면 어깨 넓어지는데."

정민이는 "팔굽혀펴기로 친구들에게 진 적이 없다."며 아이들 앞에서 으스댔다. 내가 정민이 속을 살짝 긁었다.

"그래? 그래도 샘은 못 이길걸? 샘이 마흔이 넘었어도 니 정도는 쉽게 이긴다."

정민이는 길거리에서 그랬듯이 발끈했다.

"컵밥 내기 해요. 제가 지면 샘이 시키는 거 다 할게요."

"그래. 그럼 샘이 지면 느그 반 전체에게 컵밥을 돌리고, 샘이 이기면 니는 샘하고 국어 공부 좀 하자. 콜?"

정민이는 자기 덕에 반 아이들 전체가 컵밥을 먹게 됐다며 벌써 축제의 주인공처럼 굴었다. 우리는 '20초 팔굽혀펴기, 20초 휴식'으로 총 10세트 대결을 하기로 했다. 늘 그 방식으로 운동을 했기에 나는 자신이 있었다. 교실에서 학생과 팔굽혀펴기 내기를 한다는 게 다소 우스꽝스러웠으나, 정민이 방식으로 친밀감을 높이고 싶었다.

정민이는 첫 세트를 가볍게 통과했다. 두 번째, 세 번째

세트도 쉽게 통과했다. 다섯 세트를 넘기자 정민이의 호흡이 가빠졌다. 세트가 끝날 때마다 별거 아니라며 큰소리치던 정민이의 숨소리가 더 커졌다. 7세트쯤 됐을 때, 비명이 터져 나왔다.

"아이 ××, 개빡세네."

역시 내 예상은 틀리지 않았다. 8세트쯤 되자 정민이의 몸은 더는 올라가지 않았다. 나는 차분하게 10세트까지 마무리 짓고 자리에서 일어났다. 나의 승! 정민의 '빡센' 국어 공부는 다음 수업부터 시작됐다.

"오늘은 '죽음의 방 탈출' 게임을 준비했습니다. 우리 공고생들이 가장 잘 틀리는 맞춤법 문제 20개를 준비했는데, 100점을 맞을 때까지 교실을 나갈 수 없습니다."

국어에 통 관심이 없는 정민이를 위한 수업이었다. 복잡하고 긴 호흡의 수업은 정민이에게 무리였다. 단순해 보일지라도 집중력이 부족한 아이를 위한 프로그램이 필요했다. 나는 이런 문제를 냈다.

"'안 돼'와 '안 되' 중 맞는 말은?"

"'안 돼'요."

"이유는?"

정답을 맞혀 좋아하던 정민이 얼굴이 어두워졌다.

"……."

"5초 준다. 5, 4, 3, 2……"

"생각났어요! 합쳐져서 그런 거예요. '되'와 '어'가 합쳐졌어요!"

내가 "통과!"를 외치자 정민이는 활짝 웃었다. 정민이는 금세 '맞춤법 테스트'에서 100점을 맞았다. 고교 1학년에게 국어 맞춤법 100점이 뭐 그리 대수냐고 할 수 있다. 하지만 늘 문제아로 지적받고 선도위원회에 불려다니는 아이에겐 작은 칭찬이 큰 힘을 발휘하곤 한다. 나는 정민이 어머니에게 전화를 걸었다.

"안녕하세요? 정민이를 지도하는 국어 교사 지한구라고 합니다. 오늘 정민이가 시험에서 100점을 맞았습니다! 수업 시간 내내 정민이가 친구들을 가르쳐 주는데, 제가 오늘 정말 감동스러워서 전화드렸습니다."

담배에, 오토바이에, 온갖 '사고' 관련 전화만 받던 어머니는 무척이나 당황했다. 내 옆에 서 있던 정민이도 마찬가지였다. 선생들의 배려와 노력으로 정민이는 조금씩 달라진 모습을 보였다. 문제집을 직접 사는가 하면 "대학에 가고 싶다."는 말도 했다.

하지만 정민의 '바른 생활'은 오래가지 못했다. 일부 선생과 충돌했고, 흡연과 무단이탈 등으로 선도위원회에 회부됐다. 우여곡절이 있었지만 어쨌든 정민이는 학교에서 1년을 버텼다. 하지만 끝내 스스로 학교를 떠나는 선택을 내리고 말았다.

더는 학생이 아닌 정민이는 후배들의 입학식을 보며 무슨 생각을 했을까. 그렇게 잡을 땐 기어코 떠나더니 왜 다시 학교를 찾아왔을까. 묻고 싶은 게 많았지만 나는 묻지 않았다. 대신 강당에서 나오며 정민이의 손을 꼭 잡았다.

"정민아, 학교로 돌아올 생각 없나? 12월까지 잘 버텼는데, 자퇴했다는 말을 들으니까 샘 맘이 안 좋다."

"자퇴해도 다시 학교로 돌아올 수 있어요?"

나는 "충분히 가능하다."고 알려 줬다. 나는 진심으로 정민이가 학교로 돌아오길 바란다. 어떤 사람들은 문제아, 사고뭉치들이 빨리 학교를 떠나야 면학 분위기가 만들어진다고 말하지만, 내 생각은 조금 다르다.

문제아, 사고뭉치일수록 학교에 와야 하고, 또 학교가 필요하다는 게 내가 공고에서 보내는 동안 새긴 교육철학이다. 이들을 학교에서 바로잡아야 한다는 계몽주의를 말하는 게 아니다. "그래도 고등학교는 나와야 나중에 밥은 먹고 산다."는 옛말을 되풀이하려는 것도 아니다.

문제아로 찍힌 아이들 중에는 사회 취약 계층 출신이 많다. 집안 형편이 어려워 제대로 돌봄을 못 받은 아이들에게 교문마저 닫힌다면, 이들은 도대체 어디에서 시간을 보내야 할까. 그래도 학교에 오면 친구가 있고, 교사가 있고, 따뜻한 밥 한 끼를 먹을 수 있다. 전인교육에 실패하고, 입시 교육에서도 학원에 밀리는 대한민국 학교가 이 정도 역할이라도 하는 건 얼마나 다행스러운 일인가.

 학교로 돌아오라는 내 제안에 정민이는 "다시 1학년부터 다닐 자신이 없다."는 말을 남기고 돌아섰다. 나는 다시 정민을 불러 세웠다.

 "샘이 명함 하나 줄 테니까 돌아오고 싶으면 언제든 연락해라. 길에서 만나면 이 '아저씨'한테 알은척이라도 해 주면 고맙고. 알았제?"

 그렇게 정민이는 학교를 떠났다. 정민이처럼 자퇴 후에 학교를 찾아오는 아이들이 종종 있다. 수학여행 떠나는 날 요란하게 오토바이를 타고 관광버스 앞에 나타나거나, 체육대회 날 체육복을 차려 입고 놀러 오거나…….

 학교를 떠난 이유는 달라도, 다들 비슷한 이유로 학교를 그리워하는 거다. 학교에는 친구가 있고, 아는 선생이 있고, 때로는 밥도 주고, 운동할 수 있는 운동장도 있으니까. 그럼에도 한번 학교를 떠난 아이들은 좀처럼 돌아오지 않는다. 가끔은 그게 섭섭하기도 하다.

14장

칠판 글씨를 못 읽던 공고생

 방과 후 수업 출석부에는 학생 여덟 명의 이름이 적혀 있었지만, 교실에는 아무도 없었다. 정규 수업과 학교 업무로 나도 많이 지친 탓이었을까. 텅 빈 교실과 주인 없는 책상을 보니 땡땡이 친 학생들에게 서운하고 섭섭한 마음이 들었다.
 공업고등학교에서 무슨 방과 후 수업이냐 싶겠지만, 우리 학교도 늦은 오후부터 관련 수업을 한다. 대학 진학을 목표로 하는 일반고에서는 국어 수업이 인기가 높다. 명문 대학교에 가기 위해선 고전 읽기, 심화 국어 등을 배워야 하기 때문이다.

하지만 텅 빈 교실이 말해 주듯, 내가 일하는 공고는 사정이 많이 다르다. 내가 맡은 방과 후 국어 수업은 기초학력 진단 평가를 통과하지 못한 아이들이 꼭 들어야만 하는 강제로 만들어진 수업이다. 사실 '방과 후 수업'보다는 '기초학력반'이 정확한 표현이다.

상대적으로 학업 성취도가 낮아 공고에 왔는데, 여기에서도 속칭 '나머지 공부'를 해야 하다니. 일부 짓궂은 학생들은 "띨띨이반"이라고 놀리기도 한다. 자존감이 추락한 기초학력반 아이들은 어떻게든 수업을 빠지려고 여러 방법을 동원하곤 한다.

7교시 내내 멀쩡하던 배를 움켜잡고 갑자기 병원에 간다거나, 집안에 제사가 있다며 수업을 빼 달라는 식으로 말이다. 교사들은 벌점을 부과하겠다는 엄포와 학부모 상담을 거론하며 수업 참여를 유도하지만, 기초학력반을 정상적으로 운영하기란 언제나 어려운 일이다.

방과 후 수업을 공친 다음 날, 교무실에서 한 선생이 큰 목소리로 동료 교사들을 불러 모았다.

"샘들, 이거 저희 반 명호가 만든 쿠키입니더. 드셔 보이소. 진짜 맛있습니더."

달콤하고 쌉싸름한 커피 향이 더해진 쿠키 냄새가 교무

실에 퍼졌다. 쿠키는 맛이 꽤 좋았다.

"명호가 요리를 엄청 좋아합니더. 잘 먹었다고 수업 시간에 칭찬해 주면 좋아할 거라예."

얼마 뒤 명호가 속한 반에서 수업을 하며 담임선생의 부탁을 이행했다. 나는 교실에 들어가자마자 명호 칭찬을 시작했다.

"느그 반 담임샘이 교무실에서 쿠키를 돌렸는데, 그거 진짜 맛있더라! 어디서 살 수 있냐고 물으니까, 명호한테 물어보라 카시더라. 명호야, 그 쿠키 어디서 살 수 있노?"

이야기의 의도를 알아차린 아이들은 크게 화답했다.

"명호가 직접 만들었어요. 실력 장난 아니지요?"

"샘, 명호가 매주 빵이랑 쿠키도 만들어 와요. 우리 반 매주 빵 먹어요."

명호의 얼굴이 붉어졌다. 나는 명호에게 '칭찬 스티커' 네 개를 붙여 줬다. 아이들이 부러운 시선이 이이졌다. 고등학생들이 이런 걸 좋아할까 싶지만 칭찬을 많이 받아 보지 못한 우리 학교 아이들은 '칭찬 스티커'를 정말 사랑한다. 스티커 50개를 모으면 교장 선생이 직접 문화 상품권으로 교환해 준다.

"느그들도 빵값 내야지? 박수!"

명호 입가에 미소가 번졌다. 일주일 후, 다시 방과 후 수업 시간이 다가왔다.

'오늘도 아무도 없으면 어쩌나.'

2주 연속 수업을 못 하면 담당 부서에서 문책이 나올 게 뻔했다. 우려는 현실이 됐다. 교실 불은 모두 꺼져 있었고, 아무도 없었다. 다시 속이 상했다. 교실 문을 닫고 나가려는데 한쪽 구석에서 인기척이 났다.

"샘, 오늘 수업 안 해요?"

"명…… 명호가?! 니 거(거기) 있었나? 불이라도 켜 두지. 샘은 아무도 없는 줄 알았는데…… 고맙대이! 명호야!"

고함에 가까운 감사 표시에 명호는 당황스러운 표정을 지었다. 나는 명호 한 명을 앉혀 놓고 국어 수업 두 시간을 진행했다.

그다음 주 방과 후 수업, 이번에도 학생은 명호 한 명이었다. 출석부에 적힌 학생 중 절반은 아예 학교에 오지 않았고, 세 명은 조퇴를 했다. 다시 명호 한 명을 상대로 두 시간 수업을 했다. 중학교 수준 정도의 국어 수업, 명호가 잘 따라와서 기분이 좋았다.

"명호야, 대화의 원리 배웠제? 그중에서 관용의 격률이 뭔지 기억나나?"

"관용의 격률은 내 탓으로 돌리는 거요."

"명호야, 8번의 답은?"

"3번요."

나는 잠시 수업을 멈추고 명호를 바라보았다. 까만 옷에

까만 얼굴, 머리는 며칠을 안 감았는지 기름기가 흘렀다. 과묵하고 동글동글한 모습이 담임선생 말대로 푸바오처럼 귀여웠다.

'학력이 많이 부족하지 않은 것 같은데, 명호는 왜 여기 앉아 있을까? 기초학력이 부족해 이 반에 편성된 아이가 맞긴 한데…….'

어떤 영역의 학습이 부족한지 확인해 봤다. 명호는 쓰기가 '0점'이었다. 서술형 여섯 문제 중 네 문제 이상을 풀어야 하는데, 명호는 한 문제도 풀지 못했다. 평소에 말이 없고 수업 시간엔 엎드려 자는 일이 잦았지만, 명호는 읽기와 듣기는 잘했다. 의도치 않게 일대일 수업이 된 상황, 이왕 이렇게 됐으니 명호에게 딱 맞는 공부를 가르쳐 주고 싶었다.

"명호야, 니 샘이랑 이야기 좀 할래?"

나는 수업을 멈추고 명호와 마주 앉았다. 명호는 어떤 질문을 해도 단답형으로 대답히거나 침묵으로 일관했다.

"명호야, 샘이 다음 시간부터 니만을 위한 국어 수업을 할라 카는데, 어떤 수업을 해 주꼬?"

"……."

"그럼 객관식으로 물어 보꾸마. 말하기, 듣기, 읽기, 쓰기, 문법, 문학, 맞춤법……"

"맞춤법요."

"알았대이. 그럼 샘만 가지고 있는 맞춤법 문제 100개를 갖고 오께."

 표현을 잘 못하는 명호가 맞춤법을 배우고 싶다고 했으니, 나는 최선을 다해 수업 준비를 했다. 맞춤법 퀴즈도 만들고, 작은 선물도 준비했다. 아이가 원하는 수업을 해서 만족도를 높여 주고 싶었다.

 대신 문제만 푸는 것이 아니라 명호가 직접 설명할 기회를 줘서, 어떻게든 말을 많이 하게 하는 수업을 구상했다. 느리지만 수업에 열심히 참여하는 명호와 더 가까워지고 싶었다.

 "명호야, 근데 오늘 수업 마치고 뭐 하노? 샘이랑 밥 무까(먹을까)?"

 "저 요리 학원 가는데요."

 "맞다. 니 요리 잘하제? 저번에 쿠키도 진짜 맛있었다. 집에서도 요리 마이(많이) 하나? 엄마가 참 좋아하시겠다."

 "엄마는 집에 5일에 한 번만 오세요. 거의 저 혼자 해 무요(해 먹어요)."

 명호는 어머니와 둘이 원룸에서 살고 있었다. 엄마는 평일에는 서울에서 일하고 주말에만 내려온다고 했다. 엄마는 서울로 떠날 때마다 3만 원 내지 5만 원을 두고 가시는데, 명호는 그 돈으로 5일을 산다고 했다. 아침은 굶고, 점심은 학교 급식, 저녁은 사 먹거나 돈이 떨어지면 라면을 먹는다고 했다. 명호의 말에 마음이 무거웠다.

"자, 그라믄 다시 수업하자. 명호야, 칠판에 적힌 글자 한번 크게 읽어 볼래?"

"……."

"명호야, 빨리 읽어야지."

명호는 읽지 않았다. 눈을 찡그려 가며 칠판의 글자를 읽기 위해 노력했지만, 읽지 못했다.

"자, 그라믄 이 글자 읽어 보까?"

나는 글씨를 조금 더 크게 썼다. 명호는 눈을 찡그린 채 칠판의 글씨를 보려고 애썼다. 순간, 심장이 쿵 내려앉았다.

"명호야…… 언제부터 글자가 잘 안 보였노?"

"중학교 2학년부터요."

"안경은…… 왜 안 맞췄노?"

명호는 대답하지 않았다. 자존심이 허락하지 않는 듯했다. 아마 명호는 그간 모든 수업에서 칠판의 글씨를 보지 못했을 것이다. 더욱이 교실 텔레비전 화면으로 나오는 피피티 PPT 자료에선 글씨가 더 작아 전혀 보이지 않았을 것이다.

명호는 시력이 많이 나빴다. 앞이 잘 보이지 않아 불편했지만, 명호는 몸이 편한 방식으로 생활을 바꿨다. 어차피 잘 안 보이니 읽는 것을 포기하는 식으로 말이다. 중학교 시절부터 찾아온 시력 저하는 명호의 눈을 찌푸리게 만들었고, 곧 학습 포기로 이어졌다.

내 둘째 아들도 시력이 안 좋다. 5세 무렵 영유아 검진

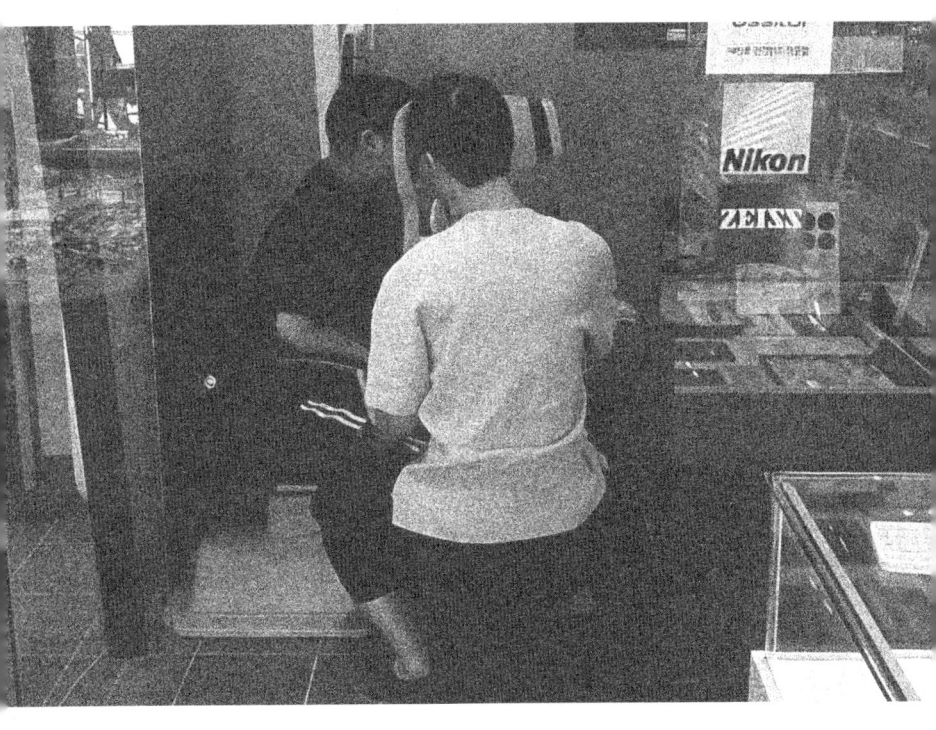

에서 심각한 난시와 약시가 있다는 걸 알았다. 의사는 "평생 잘 보지는 못할 것"이라고 했다. 수년간 대학병원에서 치료를 받아 조금 나아졌지만, 나는 좀 더 일찍 발견하지 못한 걸 자책하며 오랫동안 괴로운 시간을 보냈다.

명호에게 안경을 맞춰 주고 싶었다. 교감, 방과 후 부장 교사에게 예산 편성을 요청했다. 다행히 학교는 예산을 마련해 줬다.

"잘생긴 선생님 얼굴이 그동안 흐릿하게 보였겠네! 샘이랑 내일 안경 맞추러 가재이."

명호는 묵묵히 고개를 끄덕였다. 안경점에 가서 명호는 꽤 오랜 시간 눈 검사를 받았다. 안경 없이 살면서 눈을 작게 뜨는 습관이 생겼고, 이는 시력을 더 저하시키는 악순환으로 이어졌다. 명호는 여러 안경테를 써 봤지만, 어떤 것이 좋다고 명확히 표현하진 않았다. 나는 "네가 제일 마음에 드는 것으로 골라." 하고 제안했다.

"저는 사실 저게 마음에 드는데요……."

한참을 망설이던 명호가 가리킨 안경테는 15만 원이 넘었다. 명호는 처음부터 그걸로 선택을 마쳤지만, 학교 지원금이 10만 원이라서 내색하지 않았던 거다.

"명호야, 개안타(괜찮다)! 샘 돈 많다! 그걸로 해라!"

나는 한껏 허세를 부렸다. 그럼에도 명호는 다른 안경을 선택했다. 한동안 명호와 나는 실랑이를 벌였다. 괜히 미안

해서 그런지 명호는 자꾸 싼 안경테를 고집했다. 결국 안경점 사장님이 나섰다.

"자가(재가) 처음에 고른 게 아(아이)들한테 인기가 가장 많습니더. 샘이 사 주시는 안경이니 공부 열심히 하라는 뜻으로 특별히 5만 원 할인해 드리겠습니더. 마음 바뀌기 전에 얼른 들고 가이소."

안경을 맞추고 명호에게 얼마나 세상이 밝아 보이느냐고 묻지 않았다. 우리는 예전처럼 일대일 방과 후 수업을 이어 갔다. 명호는 첫 수업을 제외하고 총 20차시에 해당되는 수업을 한 번도 빠지지 않고 착실히 들었다. 마지막 수업 시간에 밖에서 명호를 기다리던 친구가 교실로 들어왔다.

"샘요, 명호가 국어 샘하고 약속했다고 안경 맞추고 완전 달라졌어요. 잠도 안 자고, 수업도 열심히 듣고 성적도 많이 올랐어요!"

나는 말없이 밖에서 명호를 기다려 준 친구의 어깨를 두드려 줬다. 세상의 어떤 사람들은 공고를 두고 "꼴등 아이들이 다니는 학교"라고 폄훼한다.

그러거나 말거나 나는 이 험한 세상에 꼴등을 위한 학교가 있다는 것이, 그 학교에서 나머지 공부를 묵묵히 완주한 학생이 있다는 것이, 교실 밖에서 기초학력이 부족한 친구를 기다려 주는 아이가 있다는 것이 얼마나 다행인가 싶어 눈물이 나올 것만 같았다.

명호는 1학기 마지막 국어 과목 기초학력 평가에서 95점을 맞아 해당 학생 중 1등을 했다. 여전히 말하기와 쓰기는 어려워하지만, 예전보다 자신감도 생겼고 표정도 많이 밝아졌다. 학교가 비로소 학교다운 역할을 한 기분이었다.

15장

꼴찌를 위한 장학금

명호와 안경을 맞추고 일대일 방과 후 수업을 함께한 이야기가 진실탐사그룹 〈셜록〉을 통해 세상에 나간 이후 매일 한 통이 도착했다.

안녕하세요. 저는 60대 중반의 할머니입니다. 밥이라도 편히 먹을 수 있도록 명호 학생에게 매달 용돈을 조금씩 보내 주면 어떨까 해서 연락드립니다.

매주 3만~5만 원으로 주중 5일을 혼자 지낸다는 명호가 돈 걱정 하지 않고 밥이라도 잘 먹을 수 있도록 도와주고 싶다는 이야기였다. 공고생 이야기를 연재하면서 다양한 사람들에게 연락을 받았다. 공고 이야기를 단편영화로 만들고 싶다는 대학생부터, 인터뷰를 요청하는 방송사까지, 그중에는 도움을 가장한 부적절한 접근도 있었다. 학교와 학생들에게 괜한 문제를 야기할 만한 접촉은 피하려 노력해 왔다.

'세상에 공짜는 없다. 근데, 진심으로 명호를 응원하는 사람일 수도 있잖아? 아니지…… 이상한 사람이면 명호에게 더 큰 상처가 될 수도 있잖아.'

수업을 앞둔 쉬는 시간 10분, 나는 고심 끝에 '차단'을 결심했다. 살면서 여러 번 겪어 봤다. 갑자기 찾아온 큰 행운을 덥석 쥔 후, 실은 그것이 불운의 씨앗이었음을 깨닫게 되는 일. 게다가 돈과 학생 문제는 더욱 신중해야 했다. 수업 시작종과 함께 나는 '행운의 메일'을 머리에서 지웠다. 마침 명호가 속한 반의 2학기 첫 국어 수업이었다.

"자자, 오랜만에 만났으니까 오늘은 각자의 방학을 소개하는 수업을 할라 칸다. 먼저 샘 방학부터 소개할 테이까 화면 봐라잉."

그해 여름방학은 2주밖에 되지 않았다. 겨울에 대규모 학교 공사가 예정돼 있어서 여름방학을 줄이고 겨울방학을 늘리기로 했다. 나는 '선생님의 여름방학'이라는 제목으로 만든 PPT 자료를 학생들에게 보여 주었다. 두 아들과 함께 간 등산, 자전거 여행, 바다로 떠난 피서 이야기를 했다. 마지막엔 포항 구룡포 해변 축제에서 찍은 사진을 보여 줬다.

"와, 샘 진짜 좋은 아빠데요."

나는 의기양양하게 학생들을 바라봤다. 이어 학생들에게 활동지를 나눠 줬다.

〈나의 방학을 소개해 봅시다〉
1. 가장 의미 있던 일
2. 아쉬움이 남는 일
3. 2학기 각오

— 위의 세 가지 질문 중 한 가지 이상은 반드시 발표를 해야 합니다. 하지만 오늘 진짜로 말하기 싫은 사람은 "패스"를 외치면 특별히 한 번 봐 드립니다.

아이들은 활동지를 작성했다. 가족과의 해외여행, 친구들과 다녀온 계곡, 학원에서 보낸 하루 등 아이들은 다양한 방학 이야기를 글과 말로 풀어냈다. 명호 차례가 다가왔다. 하지만 명호는 꾸벅꾸벅 졸고 있었다. 나는 이름을 크게 부르며 명호를 깨웠다.

"우리 명호! 방학 잘 보냈나? 살이 좀 찐 것 같은디, 어데 여행은 댕기(다녀)왔나?"

명호의 활동지에는 아무것도 적혀 있지 않았다.

"명호도 발표해야 안 되긋나? 왜 아무것도 안 적었노?"

명호는 겨울잠에서 덜 깬 곰처럼 눈을 비비며 말했다.
"집에만 있었으니까요."

앞에서 말한 대로, 명호는 쓰기와 말하기에서 어려움을 겪는 상태로 공고에 입학했다. 그런 탓에 지난 1학기 동안 나에게 국어 과목 기초학력 수업을 들었다.

이 과정에서 명호의 시력이 칠판에 적힌 글씨를 못 볼 정도로 나쁘다는 것과, 그럼에도 안경을 맞출 수 없었던 형편을 알았다. 학교는 명호에게 안경을 맞춰 줬고, 집중적인 기초학력 수업을 통해 명호의 쓰기와 말하기 능력은 많이 좋아졌다.

그런데 2학기 시작하자마자 아무것도 적지 않은 텅 빈 활동지와 어떤 발표도 하지 않으려는 무기력한 명호를 보니, 맥이 풀리고 말았다.

"명호야, 샘이 세 가지를 물었다 아이가. 뭐라도 말해야 하지 않긋나."

"저는 밖에 나가는 거 안 좋아해요. 만날 집에만 있어서 살쪘어요."

뒤늦게야 내 질문이 잘못됐다는 것을 알았다. 사실 명호는 마음껏 집 밖에 나갈 수 없는 처지였다. 주말에만 집에 온다는 엄마는 명호와 여가를 즐길 형편이 아니었다. 명호에겐 자랑할 만한 아버지가 곁에 없었다.

평일을 원룸에서 혼자 보내는 명호에게 방학은 멈춤의

시간이었다. 아침 일찍 일어나지 않아도 되고, 억지로 칠판을 바라보지 않아도 되며, 졸음을 쫓기 위해 허벅지를 꼬집지 않아도 되는 시간 말이다.

사정을 알아보니 명호는 늦게까지 휴대폰 게임을 하다가 새벽에 잠들어, 해가 중천일 때 눈을 떴다. 어른이 없는 집에서 간단히 먹을 수 있는 음식으로 끼니를 해결했고, 밖에 나가면 돈을 써야 하니 대부분의 시간을 집에서 보냈다.

움직이는 시간이 적으니 칼로리는 몸에 쌓였고, 불규칙한 식습관으로 체중은 더욱 붙었다. 여름방학 딱 2주, 그사이 명호의 일상은 완전히 무너졌다.

나는 황급히 다음 순서인 정호에게 발표를 넘겼다. 정호는 비교적 집안 형편도 좋고, 공고에 왔지만 내신 관리를 잘해서 대학에 가는 게 정호의 목표다.

"샘요, 저는 2번이랑 3번을 같이 발표할라 카는데요, 2번은 학원 간다고 놀러를 못 가서 아쉽고요, 3번은 2학기에는 수행평가를 더 열심히 해서 꼭 좋은 대학을 갈라 캐요."

정호의 방학은 학기 중 일과보다 치열했다. 아침 9시부터 밤 10시까지 학원가를 돌며 촘촘한 일정을 소화했다.

"샘요. 학기 중에는 체육, 미술, 음악 같은 과목이라도 있어서 숨 좀 쉴 수 있는데, 방학 중에는 만날 국영수만 하니까 진짜 죽을 거 같았어요."

나는 정호와 명호를 번갈아 바라봤다. 정호는 공고라는

낙인을 지우거나 혹은 공고의 한계를 넘기 위해 방학을 활용했지만, 명호는 그 시간 동안 자기만의 굴에 갇히고 말았다. 수업 종료를 알리는 종이 울린 후 잠시 명호를 불렀다.

"이놈아, 밖에 나가서 좀 뛰지 그랬노? 방학 중에 아무것도 안 하고 집에서 잠만 잤나?"

"자고 일어나서 밥 챙기 먹고 그랬는데요."

명호의 말은 주의를 기울이지 않으면 잘 들리지 않았다. 마치 타임머신이라도 타고 우리가 처음 만난 3월로 돌아간 듯, 명호는 다시 중얼거리며 말을 얼버무렸다. 1학기 내내 지도했던 발음 교육은 전혀 쓸모없게 되었다.

정호와 명호 사이, 방학의 격차. 방학이라는 이름으로 아이를 방치한 건 아닌지 마음이 복잡했다. 교무실 자리로 돌아온 나는 다시 메일함을 열었다. 명호의 '키다리 할머니'를 자처한 분은 메일의 끄트머리에 이렇게 적었다.

> 필요하시면 명호 어머니와도 의논하고 연락 주시길 바랍니다.

가만히 있으면 달라지는 것 없이 명호의 삶은 계속 그 자리에 머물 듯했다. 명호 어머니에게 연락해 키다리 할머니의 뜻을 전했다. 명호 어머니는 많이 망설였지만, 아들의 뜻을 따르겠다고 했다. 나는 다시 명호를 찾아갔다.

"명호야, 누가 장학금 준다 카는데 받을래, 안 받을래?"
"누가요?"

'꼴등'을 해서 공고에 온 자신에게 누가 장학금을 주겠느냐는 얼굴이었다. 나는 자초지종을 설명했다. 비록 기초학력반이지만, 1학기 내내 누구보다 열심히 공부해 국어 과목에서 1등을 했으니 장학금 받을 자격이 충분하다고 명호에게 자부심을 불어넣었다.

"카니까 명호야, 받을라카나 말라카나(받을 거니 말 거니)? 어머니는 니 의견에 따른다 카시던데, 니는 우짤래?"

"전 괜찮아요."

"괜찮다는 말은 또 뭔 말이고! 받기 싫다는 말이가? 그라믄 치아 뿌든지."

명호는 다른 사람의 호의에 쉽게 긍정의 표시를 못 했다. 어떤 제안이든 "나쁘지 않아요", "괜찮아요", "그래도 될 걸요."라는 식으로 애매하게 말했나.

"줘도 돼요, 샘."

어법에 안 맞는 어색한 표현이었지만, 어쨌든 긍정하는 대답이었다. 나는 메일을 보낸 분께 전화를 걸었다. 그분의 설명은 이랬다.

"쓰신 글 잘 봤습니다. 아무리 학생이어도 밥값 포함해서 3만~5만 원은 한 주를 살기에 너무 적은 거 같아서요. 먼저 생활이 돼야 공부를 할 거 아닙니까. 제가 조금이라도 보태고 싶은데, 얼마가 좋을까요?"

"제가 어떻게 금액을 제시할 수 있겠습니꺼. 주시는 대로 절대로 허투로 안 쓰겠십니더."

나의 말에 키다리 할머니가 답했다.

"5만 원씩 매주 보태 주고 싶은데, 어떨까요? 잠깐 말고, 형편 되는 대로 한 1년은 주고 싶어요."

매주 5만 원, 월로 따지면 최소 20만 원이었다. 연으로 환산하면 약 240만 원. 보통 우리 학교는 장학금으로 학생 1인당 30만~50만 원을 준다. 전교 1등에게 주는 장학금도 100만 원을 넘는 경우는 흔치 않다.

"그렇게 큰 돈을 저희가 어떻게 염치없이 받겠습니꺼? 조금만 주셔도 괜찮습니더."

마음속으로는 우리 명호를 위해 큰 결심을 내려 주셔서 감사하고, 은혜를 잊지 않겠다며 냉큼 말해 버리고 싶었지만, 생각도 하기 전에 저 말이 먼저 나오고 말았다. 혹시나 금액이 줄어들까 노심초사하며 다음 말을 기다렸다.

"사실, 명호가 졸업할 때까지 한 500만 원을 생각하고 있습니다. 학교에서 잘 의논해 보시고 다시 연락 주세요. 꼭 밥값으로 쓰이지 않아도 괜찮습니다. 선생님들이 제일 잘 아실 테니, 지원 방법에 대해서는 전적으로 학교 의견에 따르겠습니다."

500만 원이면 명호가 3학년에 취업을 나갈 때까지 매월 20만 원씩 받을 수 있는 금액이다. 나는 전화기를 붙잡고 몇 번이나 고개를 조아리며 "감사하다."는 말을 반복했다. 전화를 끊고 교감 선생에게 달려가 상황을 설명했다.

학교는 키다리 할머니의 장학금을 정식으로 받아 잘 관리해, 매월 20만 원씩 명호에게 지급하기로 했다. 돈만 지급하는 게 아니라 명호가 스스로 소비 계획을 세우게 돕고, 학교는 여러 상담으로 학습과 생활이 잘 유지되도록 살필 계획도 세웠다.

사회적 자원과 관심이 1등 혹은 명문 학교로만 향하는 세상에서, 공고에 '꼴찌를 위한 장학금'이 탄생하다니. 나와 여러 교사는 신선한 충격을 받았다. 우리 학교에는 공부 자체를 힘들어하거나 공부에 집중할 여건이 안 되는 학생이 많다. 그런데도 꼴찌를 위한 관심과 배려가 부족했다는 반성도 나왔다.

개학한 뒤 명호는 조금씩 규칙적인 생활을 몸에 익혀 나갔다. 아무도 없는 집에만 머물지 않아도 되고, 친구들과 선생들을 만나며 나름의 사회생활도 하고 있다. 무엇보다 학교에선 따뜻한 밥도 먹을 수 있다.

살면서 한 번도 장학금을 받아 보지 못한, 공고에 와서도 '나머지 공부'를 했던 명호는 그해 9월부터 우리 학교의 장학생이 됐다. 한 번이 아니라 졸업할 때까지 돌봄과 지원을 받는 장학생 말이다.

얼굴 모르는 키다리 할머니 덕분에 명호에겐 학교를 다녀야 하는 이유가 하나 더 늘었고, 학교는 무엇을 해야 하는지 스스로 돌아보고 있다. 키다리 할머니가 보낸 메일의 한 대목을 요즘 자주 생각한다.

　　밥이라도 편히 먹을 수 있도록 ······

　학교 관련 뉴스에서 기분 좋은 소식을 접한 지가 언젠지 까마득하다. 대한민국 학교가 요 모양 요 꼴이 된 건 저런 돌봄과 연민의 마음을 잃어버렸기 때문이 아닐까 싶다.

16장

"저 베트남에서는 공부 잘했어요"

- 사라진 공고생 -

3월 첫 등교일, 공업고등학교 1학년 아이들의 눈에는 불안과 두려움 같은 게 있다. 이미 친구들에게 "공돌이 학교", "양아치 우글거리는 곳" 등 온갖 혐오의 말을 몇 번씩 들었을 테니, 아이들의 위축된 눈빛은 오히려 자연스러운 일이다. 아프지만 현실이 그렇다.

그런 만큼 첫 수업 시간엔 일부러 힘찬 자기소개를 아이들에게 당부한다. 지난 봄날, 어느 1학년 교실 첫 국어 수업에서 이정희는 열여섯 번째로 자기소개를 했다.

"저는 ○○중학교에서 온 이정희입니다. 잘 부탁드립니다."

머리를 한 갈래로 단정히 묶은 정희는 작은 목소리로 말했다. 유난히 짧은 소개에 한 남학생이 짓궂게 물었다.

"남친 있나?"

아이들이 웃기 시작했다. 40여 개의 눈이 일제히 정희의 입으로 향했다. 정희는 대답 없이 멀뚱히 서 있기만 했다.

"느그들 첫날부터 너무한 거 아이가? 정희야, 그냥 대답 안 해도 된다잉."

나는 얼른 정희를 자리로 돌려보내려고 했다.

"저는 몰라요."

갑자기 정희가 분명한 목소리로 말했다. '있다, 없다'가 아니라 '모른다'고 한 게 어색했지만, 요즘 아이들이 많이 쓰는 일명 '황당 어법'으로 여겼다.

"그래 정희야, 좋은 대답이다. 개인 정보를 쉽게 알려 주면 안 되는 기다."

직업계고는 목적에 따라 공업, 상업, 보건 계열 등으로 나뉘는데, 여학생이 공업 계열에 오는 경우는 많지 않다. 흔하지 않아 쉽게 눈에 띄고, 그 탓에 더욱 놀림과 차별의 대상이 되곤 하는 여자 공고생 이정희를 그렇게 처음 만났다.

나는 자기소개를 마무리한 뒤, 아이들에게 활동지를 나

눠 주고 작성하게 했다.

〈내가 원하는 수업〉

1. 나를 소개해 보세요.
2. 고등학교에 오기 전 지금까지 가장 좋았던 수업은 어느 선생님의 수업인가요? (교사명, 과목, 좋았던 이유)
3. 어떤 수업이 싫은가요?
4. 선생님께 바라는 점을 자유롭게 작성해 주세요.
  (비밀 보장됨. 엄마, 담임선생님에게 말 안 함)
5. 꿈을 적어 주세요. (취업, 대학, 전학, 기타)
6. 공고에 온 이유는?

나는 주로 모둠 수업과 활동 수업을 많이 한다. 자존감 낮은 공고 아이들이 모둠 내에서는 모두 주인공이 될 수 있기 때문이다. 좋은 모둠 수업을 위해서는 먼저 아이들의 성향을 파악하는 게 순서다. 1학기 시작 3주차가 됐을 때, 정희 담임선생이 나를 찾아왔다.

"저희 반에 다문화(이주 배경) 학생이 있는데, 국어 기초학력 진단 평가를 어떻게 하면 좋을까요? 걔는 미달자가 아니길 바라는데."

대수롭지 않게 여겼다. 부모님 중 한 명이 외국인이어도, 고교에 올 정도가 되면 다들 소통에는 큰 문제가 없기 때문이다. 이주 배경 학생이어도 조금만 노력하면 기초학력반, 일명 '나머지 공부반'에 배정되지 않았다.

"근데, 걔가 한국말을 몰라요."

매주 세 시간씩 벌써 2주 수업을 마쳤는데, 이게 무슨 말인가. 내 수업에서 발표를 한 번도 안 한 학생은 없었다. 근데 한국말을 모르는 학생이 있다니?

"정희예요, 정희! 정희가 한국말을 몰라요. 쓰기는 전혀 안 되고, 말하기도 거의 안 돼요."

더 믿기 어려웠다. 정희는 이미 내 수업에서 세 차례나 발표를 했기 때문이다. 담임선생의 설명에 따르면 정희는 '중도 입국 자녀'였다. 정희 어머니가 한국에 와서 결혼을 했고, 이듬해 열두 살인 정희를 베트남에서 데려왔다.

그렇다 해도 정희는 벌써 고교 1학년, 입국한 지 5년이나 지났다. 한국 기준으로 따지면 초등학교 5학년부터 중학교 3학년까지, 한국어 교육을 어느 정도 받았을 터다. 내가 몰랐던 정희의 비밀은 이어졌다.

"사실 정희는 열일곱 살이 아니에요. 이미 우리 학교에 2년 전에 입학했고, 두 번이나 휴학해서 지금 열아홉 살이에요."

학교 자체를 싫어하거나, 공고 '스펙'을 지우려는 공고생은 보통 자퇴를 선택한다. 하지만 정희는 휴학을 했고 다시 학교로 돌아왔다. 두 번씩이나 말이다. 어떻게든 학업을 이어 가고 싶다는 뜻이었다.

난 첫 수업 때 정희가 쓴 '내가 원하는 수업' 활동지를 꺼내 보았다. 이렇게 적혀 있었다.

    1. 나를 소개해 보세요.
    — "저는 이정희입니다."
    …… (2~5번은 모두 공란)
    6. 공고에 온 이유는?
    — "잘 부탁드립니다."

어떤 아이는 문장 한 줄 쓰는 걸 버거워하고, 몇몇 아이는 아예 백지로 제출하기도 했다. 그래서 난 정희의 허전한 활동지를 대수롭지 않게 여겼다. 나의 실수다. 며칠 뒤 정희 반의 수업에 들어가, 나는 일부러 천천히 출석을 불렀다.

"16번, 이정희!"

"네."

정희는 여유롭게 대답하고 책을 폈으며, 칠판을 바라봤다. 수업을 하는 동안 조심스럽게 정희를 살폈다. 내가 반 전체에 질문하고 아이들이 일제히 대답하면 정희도 함께 입을 움직였다. 한 박자 느리게 말이다.

모둠별 활동 때 정희는 말하기 대신, 정성스럽게 듣는 사람의 역할을 했다. 졸지도 않고, 딴짓을 하지도 않았다.

조심성 많은 조용한 아이로 보였다. 수업이 끝난 뒤 정희를 따로 불렀다. 정희의 눈을 똑바로 보고 천천히 말했다.

"정희야, 샘하고 이야기 좀 할래? 이따가 교무실로 좀 온나."

망설이던 정희는 잠시 생각하더니 고개를 꾸벅이며 짧게 "네."라고 답했다. 몇 시간 뒤 정희가 교무실로 왔다. 정희를 옆에 앉히고 다시 천천히 물었다.

"정희야, 샘 말 얼마나 알아듣노?"

"저는 머얼라요(몰라요)."

정희는 자기를 바라보는 나보다 몇 배는 더 진지하게, 나의 눈빛, 표정, 몸짓을 뚫어질 듯이 살폈다. 목소리 톤에도 집중하는 듯했다. 상대방의 움직임에서 정보를 종합해 의중을 파악하는 듯했다. 내가 다시 물었다.

"니, 내 말 알아듣나?"

"저는 머얼라요."

첫 수업 때의 정희 모습이 떠올랐다. 그때 나와 교실의 아이들은 정희가 한국어를 잘 알아듣지 못한다는 걸, 베트남에서 왔다는 걸 눈치채지 못했다. 그 후에도 쭉 이어진 정희의 침묵과 튀지 않는 조용한 행동, 그 모든 건 이주 배경 가정의 아이들이 한국 사회에서 어떤 대접을 받는지 진즉에 알아챈 정희의 본능적인 선택이었다.

말이 통하지 않아도 통역이 없어도 차별은 너무 쉽게 심장에 박힌다는 걸, 차별당하는 자들은 몸으로 안다. 수업 때마다 정희는 얼마나 답답했을까.

"얼마나 알아듣노? 60퍼센트? 70퍼센트?"

베트남어를 모르는 나는 이 말을 한글로 종이에 적었다. 그런 다음 종이와 펜을 정희에게 내밀었다. 정희는 "아!" 감탄사를 내뱉더니 "40퍼센트."라고 적었다. 숫자와 기호를 조합해 내 질문을 알아들은 것이다. 순간 내 가슴이 뻥 뚫린 듯했다.

"오케이! 이해가 안 될 땐, '몰라요.'라고 말해야 된대이. 오케이?"

"네."

당시 학교의 큰 화두는 기초학력반 운영이었다. 쉽게 말해, 기초학력 테스트에서 떨어지는 학생이 없도록 하는 게 핵심이다.

정희에게 테스트 통과는 무척 중요했다. 무엇보다 국어(정희에게는 한국어) 과목 통과가 필요했다. 국어 테스트에서 탈락한다는 건, 정희에겐 숨기고 싶은 비밀이 강제로 드러나는 것을 의미했다. 베트남 출신이라는 걸 알리거나 감추는 건 정희가 선택할 문제였다. 정희는 알리고 싶어 하지 않았다.

정희는 자신이 아는 어휘와 손짓발짓을 모두 동원해 "국어 테스트에선 꼭 통과해야 한다."고 말했다. 한국어 읽기·

쓰기·듣기·말하기 모두를 힘겨워하는데, 어떻게 시험의 장벽을 넘을 수 있을까.

눈앞이 캄캄했다. 정희는 그런 나를 기대에 찬 눈빛으로 바라봤다. 미안하지만, 정희에게 고통스러운 제안을 했다.

"정희야, 일단 '읽기'부터 잡자, 응? 시험까지 일주일 남았는데, '쓰기' 시험까지 통과하는 건 정말 어려운 일이야. 그렇게 하는 게 너한테도……."

이야기에 집중하느라 난 정희가 베트남에서 온 아이라는 걸 순간 잊고 말았다. 그래도 내 말의 진정한 뜻을 알아주기를 바라며 잠시 정희 눈을 똑바로 바라봤다.

"저는 머얼라요."

처음부터 다시, 손짓발짓에 눈빛과 입술 모양을 총동원해 정희에게 설명하기 시작했다. 내 말의 요지는 이랬다.

"국어 기초학력 평가는 읽기와 쓰기를 테스트하는데, 하나라도 점수가 미달하면 탈락이다. 네가 당장 이걸 통과하는 건 무리다. 기초학력반으로 가서 '나머지 공부'를 좀 하면 어떨까? 거기에선 일대일 한국어 수업도 가능한데, 내가 도와주겠다. 당장은 힘들어도 한국에서 살아갈 너한테 꼭 필요한 수업이다. 읽기부터 시작하자. 절대 늦지 않았다. 지금부터 하면 졸업 무렵엔 한국인 누구와도 자연스럽게 대화할 수 있을 거다. 그게 너한테 진정으로 필요한 게 아니겠냐."

한참을 떠들었더니 입은 물론 팔다리도 아팠다. 가만히

보고 듣던 정희는 고개를 끄덕였다. 나와 함께 읽기 테스트 통과를 목표로 노력하겠다는 데 동의한 거다. 정희의 두 눈은 새로운 도전이 설렌다는 듯 반짝거렸다.

다음 날, 나는 '이정희 문해력 향상 프로젝트'를 계획했다. 일주일 뒤의 기초학력 평가는 물론이고 그 후의 교육까지 염두에 두었다. 학교에서는 '학습 튜터' 제도를 활용해, 정규 수업 시간에도 정희가 한국어를 공부하는 방안을 마련해 보겠다고 했다.

정희만을 위한 첫 번째 국어 수업. 나는 읽기 테스트 통과를 위해 여러 준비를 했다. 먼저 기출문제와 예상 문제를 정리해 문제 풀이 강의를 시작했다. 정희는 쓰기와 말하기는 잘 못했지만, 읽기는 초등학교 저학년 수준 정도는 했다. 다만 어휘력이 현저히 부족했다.

모르는 단어가 나올 때는 구글 번역기와 네이버 파파고, 챗지피티를 활용했다. 단, 가급적 한국말로 설명하고 도저히 의사소통이 안 될 때 번역기를 사용했다. 구체적인 상황까지 설명해서 정교하게 대화를 나눠야 할 때는 챗지피티를 이용했다.

나는 시험 지문에서 '중심 문장'을 찾는 방법과 문제에서 요구하는 것, 정답을 찾는 비법까지 설명했다. 마치 영어 단어를 암기하듯이 한국어 어휘 카드를 만들어 암기하도록 했고, 부정과 긍정 표현, 종결어미에 주목해 문장의 의미를 파악하는 법도 알려 줬다. 접속부사가 나올 경우에는 반드시 네모를 치고 문장 간의 관계를 파악하는 연습도 시켰다.

10~20점 정도였던 정희의 읽기 점수는 이틀 만에 30점까지 올랐다. 합격 커트라인은 60점. 즉 20문제 중 12개를 맞춰야 읽기 테스트 통과였다. 더욱 서둘러야 했다. 나는 예상 문제를 풀어 오는 숙제를 내줬고, 정희는 빠짐없이 과제를 해 왔다. 마침내 일주일이 지나 시험 전날이 됐다. 마지막 문제집을 푼 뒤 정희가 한참을 망설이더니 더듬더듬 말했다.

"선생님…… 저…… 베트남에서는…… 공부…… 잘했어요."

정희의 눈에 눈물이 맺혔다. 한국에서 이방인으로 살면서 느낀 차별과 고독, 언어 장벽에 따른 학습 결손을 경험하면서 자존감에 큰 상처를 입은 듯했다.

"그래, 안다. 여기서도 잘할 기다. 걱정하지 마래이."

마침내 기초학력 진단 평가 시험을 치는 날. 정희는 열심히 문제를 풀었다. 정희가 읽기 과목에서 받은 점수는 딱 60점. 일주일간의 벼락치기는 가까스로 절반의 성공을 거뒀다.

그렇다고 정희가 기초학력반을 벗어난 건 아니다. 쓰기 과목을 통과하지 못했기 때문이다. 정희는 국어, 영어, 수학 모든 과목의 기초학력반에 편성됐다. 속사정을 모르는 사람들은 정희가 실패했다고 생각할지도 모르겠다.

우리는 작은 성공의 경험을 목표로 했으니 크게 실망하지 않았다. 정희와 나는 일대일 한국어 수업을 꾸준히 하기로 했으니까. 진짜 시작은 지금부터니까.

하지만 우리의 도전은 허무하게 끝났다. 아니, 시작도 못 했다. 정희는 기초학력반 수업에 나오지 않았다. 다음 주에도, 그다음 주에도 정희는 학교에 오지 않았다. 조심스럽게 정희 담임선생에게 사정을 물었다.

담임선생은 정희 부모님께서 정희가 학교에 오래 남기를 원하지 않았다는 것과, 정희 역시 학교에 올 수 없는 처지가 됐다고 설명했다. 더 꼬치꼬치 묻는 건 예의가 아니었다. 열아홉 살 정희가 또 휴학을 하나 보다 여기고, 나는 아쉬운 마음을 접었다.

학기가 끝날 무렵, 성적 처리를 하며 정희의 상황이 '무단결석'에서 '자퇴'로 바뀐 걸 알게 됐다. 대한민국의 많은 사람들이 혐오하는 이 공고를 어떻게든 다니려고 두 차례나 휴학했던 '베트남 소녀' 정희는, 그렇게 완전히 학교를 떠났다.

학교의 누구도 정희가 왜 자퇴했는지 정확히 알지 못했다. 백인이 아닌 외국인을 향한 차별이 한국어처럼 자연스럽게 통하고 공유되는 이 땅에서, 정희는 자신의 비밀이 강제로 드러나는 것이 죽을 만큼 싫었을지 모른다. 아니면 정말로 학교에 다닐 수 없는 말 못 할 처지였을 수도 있고.

 공고에 입학한 남자아이들의 주눅 든 눈빛은 세상이 자신을 어떻게 보는지 알고 있다는 자각의 결과물이다. 그렇다면 공고에 다니는 여학생의 위축은 어느 정도일까? 세상이 공고에 다니는 여자아이를 어떻게 바라보는지 떠올리면 쉽게 예측할 수 있다.

 정희가 왜 학교를 떠났는지 너무 심각하게 생각하지 않기로 했다. 대신 나는 우리 사회가 '베트남 출신 여자 공고생을 어떻게 생각하는지'를 따져 보기로 했다. 구글 번역기로도 쉽게 알 수 없던 정희의 마음은 그때 비로소 이해될지도 모른다.

17장
아이유 만나러 서울로

    어려운 환경 탓에 초등학교만 겨우 졸업한 아버지는 술을 드시면 지인들에게 이런 '자랑'을 하곤 한다.
    "니 그거 아나? 우리 아(아이)가 고등학교에서 국어를 가르친다. 교사 되는 기 얼매나 어려운지 알제?"
    아무리 취해도 '공고에서 국어를 가르친다.'고 말하는 법이 없다. 다른 사람들처럼 언제나 '공고'를 뺀다. 내게 이렇게 물으신 적도 있다.
    "한구야, 니 공고 말고 일반고에서 가르치면 안 되나? 일반고 국어 교사는 더 되기 어려운 기가?"
    오늘은 이런 아버지에게 아들이 공업고등학교에서 어

떤 교육을 하는지 알려 드리고 싶다. 벌써 10여 년이 훌쩍 지난 추억이자 오늘도 반복되는 그 일은 가수 아이유와 깊은 관련이 있다.

"You can do it!"

"I can do it!"

2010년대 초, 그 시절 이 두 문장이 날마다 공고를 흔들었다. 당시 정부는 공교육을 마치면 자연스럽게 이중 언어를 구사할 수 있도록 모든 과목을 영어로 가르치는 일을 추진했다.

"우리 아(아이)들이 한국말도 잘 못하는데, 무슨 수업을 영어로 하라 캅니꺼? 때려치우라 카이소."

선생들의 원성은 컸지만, 방학마다 누군가는 직업 영어 연수 현장으로 보내졌다. 우리 공고에서도 국어, 체육, 전자, 화공 등 과목과 상관없이 뜻이 비슷한 선생들을 중심으로 '영어 교육팀'이 만들어졌다. 나도 여기에 포함됐는데, 우리의 목표 중 하나는 학생들을 위한 〈3분 영어〉 영상 제작이었다.

"샘들, 우리는 '아들이 이것도 모르겠나.' 싶을 정도로 쉬운 영어 문장을 영상으로 제작해야 합니더. 보고 좋아할랑가 모르겠네예."

공고에 온 아이들은 대체로 영어 과목을 꺼린다. 영어 자체를 읽을 줄 모르는 아이들도 있고, 외계어쯤으로 여기는 경우도 많다. 대학보다는 취업 현장으로 향하는 공고 학생들은 어렵고 힘든 영어를 굳이 배우고 싶어 하지 않았다. 수업 시간에 자는 학생은 물론 시험을 쳐도 같은 번호만 찍는 학생도 많다. 이런 아이들을 대상으로 영어 교육 영상을 만든다? 영어 교육팀은 몇 가지 원칙을 세웠다.

첫째, 영상의 길이는 3분을 넘기지 않을 것.
둘째, 아이들이 보고 싶게 만들 것.
셋째, 실생활에 필요한 내용으로 만들 것.

우리 교사들은 식당에서 음식 주문하는 법, 차표 끊는 법 등 다양한 상황에 맞춰 시나리오를 작성하고 현장에서 직접 촬영도 했다. 이렇게 제작된 〈3분 영어〉는 매주 화요일 1교시 시작 전 모든 교실에서 방영됐다.

초기 반응은 좋았다. 아이들은 선생들과 학생들이 직접 출연하는 것에 관심을 보였다. 영상에는 이런 장면도 들어갔다.

교사: 모니터에 있는 얼굴이 어떤 표정일까요?
학생: 웃고 있어요.
교사: 웃다, 영어로 뭘까요?
학생: Smile, smile, smile!

초등학교 저학년 혹은 유치원에서나 배울 법한 영어를 고등학교에서 영상으로 제작하다니. 누군가는 "설마 이렇게 쉬운 걸 모를까?" 반문하겠지만, 모르는 아이들이 꽤 있었다.

영상을 재미있게 보던 아이들도 같은 교사가 반복적으로 출연하고, 그것도 한 주에 몇 번씩 반복해서 봐야 하니 금세 흥미를 잃어 갔다. 급기야는 영상을 틀자마자 자는 아이까지 생겼다. 국어 교사가 영어를 가르치는 것도 버거운데, 아이들까지 관심을 놓으니 맥이 풀렸다. 나는 지푸라기라도 잡는 심정으로 아이들에게 물었다.

"그라믄, 우째 하면 〈3분 영어〉 영상) 볼 낀데?"

자고 있던 예준이가 고개를 들며 귀찮다는 듯이 말했다.

"샘 말고 아이유 나오면 볼게요."

이 말에 다른 아이도 고개를 들고 말했다.

"예준이 니 미쳤나? 우리 같은 따라지 학교에 아이유가 나오게. 말이 된다고 생각하나? 샘, 그냥 대충 만들고 치아요(치워요)."

자신이 다니는 곳을 '따라지 학교'라 부르는 아이들. 안타깝고 답답했지만, 동시에 내면에서 오기 같은 게 훅 올라왔다.

"진짜 아이유가 〈3분 영어〉에 나오면 니 어떡할래?"

내 물음에 예준이가 답했다.

"그라믄 저얼대 안 졸고 졸업할 때까지 〈3분 영어〉 다 볼게요."

"알았다. 그라믄 내가 우째든지 영상 담아 올 기다."

교실에 있는 아이들 누구도 정말로 아이유가 영상에 나오리라 기대하지 않았다. 나는 다시 아이들에게 말했다.

"우리가 죄 짓는 것도 아니고, 지방 공고에서 학생들을 위한 교육 영상 하나 찍겠다는데, 이렇게 거룩하고 멋진 일에 우리나라 최고 가수가 동참해 주지 않겠나. 샘이 가능하게 만들어 보께. 기대해라잉."

아이들에게 덜컥 말을 뱉었지만, 넘어야 할 산이 많았다. 일단 여러 인맥을 동원해 〈SBS 인기가요〉 공개방송이 있는 날 방송국에 들어갈 수 있는 방법을 찾았다. 그 뒤 선생들에게 이 사실을 알렸다.

"그라믄 방송국 들어가서는 우짤 긴데요. 아이유가 쉽게 찍어 주지도 않을 긴데예."

"아이유는 무슨, 거기 가수들한테 말 걸 기회라도 있을랑가예?"

우려의 말이 쏟아졌다. 포기하느냐, 아니면 도전하느냐 기로에서 체육 선생이 말했다.

"걍 한번 가 보지예. 도전해 보고 안 되믄 그냥 마는 기고, 안 해 보는 것보다는 안 낫십니꺼?"

선생들의 눈빛에 묘한 생기가 돌았다. 〈3분 영어〉의 슬로건은 'I can do it'이었다. '나는 할 수 있다'라는 말과는 반대로, 할 수 없는 것이 너무 많은 우리 아이들에게 작은 힘이라도 주고 싶었다.

우리는 팀원 여덟 명, 원어민 교사 한 명, 학생 세 명까지 섭외해서, 서울로 떠나기로 결정했다. 실패 가능성이 컸기에 학교 예산은 따로 요청하지 않고 모든 걸 자비로 해결하기로 했다. 몇 시간에 걸쳐 이동해 SBS에 도착한 뒤, 또 세 시간 더 기다려 드디어 〈SBS 인기가요〉 촬영 현장으로 입장했다. 미로 같은 방송국에서 우리의 마음은 더욱 복잡해졌다. 일단 스태프로 보이는 사람에게 사정을 설명하고 물었다.

"혹시 가수 아이유 대기실이……"

질문이 끝나기도 전에 그의 손가락이 한 곳을 가리켰다. 나는 최대한 자연스럽게 그곳을 향해 빠르게 걸었다. 아이유는 이미 무대에 올랐는지 대기실 쪽에서 만날 수가 없었다. 우리는 한참을 서성이며 기다렸다.

얼마쯤 지났을까, 드디어 저쪽에서 티브이에서만 보던 가수 아이유가 나타났다. 나는 고개를 푹 숙여 인사하고 조심스럽게 다가갔다.

"저기요, 죄송한데요. 저희는 지역의 한 공고에서 근무하고 있는 교사인데예. 애들을 위해 교육 영상을 찍으러 왔는데, 좀 도와주이소."

국어 교사인 내가 그렇게 말을 더듬는 줄은 몰랐다. 사투리가 그토록 어색하고 부끄러웠던 적도 없었다. 그래도 준비한 말을 다 해야만 했다.

나는 학생들의 영어 교육을 위해 작은 영상을 만들었으나, 지금 망해 가고 있으며, 이런 상황에서 아이유 당신이 우리를 도와준다면 학생들에게 큰 도움이 될 것 같다는 식의 말들을 두서없이 길게 쏟아 냈다. 다시없을 기회여서 최대한 간곡히 부탁했다. 할 말을 마치고 아이유 씨의 표정을 살폈다. 아이유 씨는 우리 교사들이 무안해하지 않도록 흔쾌히 웃으며 영상 촬영을 허락했다. 아이유 씨는 카메라를 보면서 외쳤다.

"여러분은 할 수 있습니다. You can do it!"

이날 아이유 외에도 카라, 2AM, 린, M4, 브레이브걸스, FT아일랜드, 나인뮤지스, 미스에이, 케이윌, 빅뱅 등 여러 가수들이 우리 학교의 〈3분 영어〉에 기꺼이 출연했다.

해당 영상을 예준이 반에서 상영하자 큰 박수가 쏟아졌다. 교단에 선 뒤 그토록 큰 박수를 받은 건 그날이 처음이었다. 학생만이 아니라 부장 교사도 우리를 칭찬했다. 갓 교사가 된 20, 30대 선생들이 만든 〈3분 영어〉는 우리 학교의 자랑이 됐다. 교육청에서는 사례 발표 요청까지 했다.

앞의 'smile' 사례에서 웃은 독자들은 이번에도 고개를 갸웃할지도 모른다. 어쩌면 나의 아버지는 고작 "You can do it!"이라는 문장 하나 때문에 서울까지 올라간 아들을 안타깝게 생각할 수도 있다. 많은 독자들 역시 '설마 고교생이 그걸 모르겠느냐?'고 속으로 반문하고 있을 터다.

고백하자면, 공고에서 일을 시작한 초기에 나도 비슷한 생각을 했다. 앞서 언급한 상황처럼, 이를테면 "설마 공고 애들이 이것도 모를까……." 하며 말끝을 흐리는 누군가의 반응을 접하면 저절로 마음이 쪼그라들기도 했다.

하지만 이제 그런 마음은 거의 사라졌다. 우리 학교에는 한국말이 익숙하지 않은 이주 배경 가정 아이도 있고, 마음이 아프거나 외부적 환경 탓에 학교 수업 자체를 힘겨워하는 학생도 있다.

아이유의 "You can do it" 영상 이후 10여 년이 흘렀다. 그사이 아이유는 더 멋진 가수가 됐다. 나의 일은 크게 달라지지 않았다. 나는 그때와 같은 학교에서 종종 일부 아이들에게 '가나다라……'를 비롯한 읽기와 쓰기 수업을 한다. 자괴감이 들지 않느냐고? 천만의 말씀.

누구는 잠잘 거 다 자면서 교과서 중심으로 공부해도 수능 만점 받고 서울대 갔을 때, 나는 '고작' 지방 국립대에 들어갔다. 촘촘히 비교하려고 들자면, 우리 모두는 누군가에 비해 '따라지 인생'일 수밖에 없다.

사람에 따라 실력에 편차가 있는 건 자연스러운 일이다. 'smile'을 모르면 가르치면 되고, 한글 읽기에 서툴면 함께 공부하면 된다. 그게 학교와 교사인 내가 할 일이다. 교사로서 가르치고 배우는 일이 버거울 때면, 영어 문장 하나 때문에 서울로 향했던 교사 초년 시절을 떠올리며 마음을 다잡곤 한다.

그 시절 공고 교실에서 "You can do it!" "I can do it!"을 메아리처럼 주고받았던 나의 제자들도 이젠 모두 30대가 됐다. 그 한 문장 외운 게 삶에 얼마나 보탬이 됐을지 잘 모르겠다. 다만 살면서 혼자 넘기 힘든 거대한 벽을 마주할 때면 속으로 '난 할 수 있다.'를 작게 되뇌어 보길 바랄 뿐이다.

요즘 내가 종종 그러하듯이 말이다.

18장
"우리 학교는 우사다, 우사!"
- 그 시절 공고의 자화상 -

 학교에서 일이 터진 건 학생들에게 윤동주의 시 「자화상」을 가르칠 때였다. 교장 선생이 교무 회의 시간에 마이크를 잡고 전체 교사에게 말했다.
 "학기 말에 '수업 축제'를 열었으면 합니다. 어떤 형태든 좋습니다. 수업 결과물을 전시, 공연, 체험 등으로 다양하게 공개하고 함께 나누는 축제가 되면 좋겠습니다."
 교사들은 '우리가 뭘 잘못 들었나.' 하는 표정으로 서로를 바라봤다. 교장의 말이 이어졌다.

"학부모, 교육청 장학관, 장학사는 물론이고 다른 학교 교직원도 초청할 예정입니다. 변하지 않으면 도태되고, 흐르지 않으면 썩습니다."

교장의 선전포고에 교사들은 충격을 받았다. 일명 명문 고등학교나 특정 목적을 지닌 연구학교에서 수업 성과 보고회를 연다는 소식은 종종 들었다. 그런데 지방 사립 공업고등학교에서 수업 축제라니.

교무 회의가 끝난 뒤 교사들은 교과별 혹은 학년별, 주제별로 모여서 이 사태에 대한 회의를 하기 시작했다. 자는 아이들과 사투를 벌이는 것과는 차원이 다른 걱정과 우려가 터져 나왔다.

"수업 축제? 우리 공고에서는 수업 장례를 치르는 게 맞지 싶은데."

"공부가 싫어서 공고에 온 아이들인데, 수업이 잘될 리가 있습니꺼?"

"아이고, 뭐 보여 줄 게 있어야 보여 주지예."

일반계 고등학교 교실은 '체력 단련실', 수업은 '체력 보충 시간'이라는 말까지 들리는 요즘이다. 공부는 학원에서 하고 학교는 수면으로 체력을 다지는 곳이라는 자조적인 표현이다.

직업계고는 더 심각하다. 중학교 시절 성적 경쟁에서 밀렸다는 패배감 탓인지 우리 학교 아이들은 대체로 자존감이 낮다. 수업 진행 자체가 어려울 때가 종종 있다. 이런 공고에서 수업 축제를 한다? 솔직히 내 고민도 동료 교사들과 크게 다르지 않았다.

어쨌든 내 담당인 국어 수업을 이어 갔다. 나는 아이들에게 윤동주의 시 「자화상」이 적힌 종이를 나눠 주며 모방 시를 써 보자고 했다. 시를 바탕으로 각자의 슬픔, 자부심, 내면의 부끄러움 등을 성찰하는 게 수업의 목표였다. 「자화상」 전문은 이렇다.

> 산모퉁이를 돌아 논가 외딴 우물을 홀로
> 찾아가선 가만히 들여다봅니다.
>
> 우물 속에는 달이 밝고 구름이 흐르고
> 하늘이 펼치고 파란 바람이 불고 가을이 있습니다.
>
> 그리고 한 사나이가 있습니다.
> 어쩐지 그 사나이가 미워져 돌아갑니다.
>
> 돌아가다 생각하니 그 사나이가 가엾어집니다.
> 도로 가 들여다보니 사나이는 그대로 있습니다.

다시 그 사나이가 미워져 돌아갑니다.

돌아가다 생각하니 그 사나이가 그리워집니다.

우물 속에는 달이 밝고 구름이 흐르고 하늘이 펼치고 파란 바람이 불고 가을이 있고 추억처럼 사나이가 있습니다.

아이들은 모방 시를 쓰기 시작했다. 지난밤 늦게까지 게임을 했거나 당장의 생계를 위해 아르바이트를 한 누군가는 졸기 시작했다. 나는 눈앞의 공고생들을 보며 교장의 '선전포고'를 곱씹었다. 몇 해 전 기억이 하나 떠올랐다.

그날, 교감의 목소리는 점점 커져 호통에 이르렀다.

"안 된다 안 카나! 우리 학교는 우사다, 우사!"

교감의 호통을 듣고 나는 조용히 자리로 돌아갔다. 벌써 두 번째 거절이었다. 교무실의 선생들은 저마다 컴퓨터 모니터를 바라보며 아무 말도 하지 않았다. 2016년 제18회 교실 수업 개선 실천 사례 연구 발표 대회에서 나는 운 좋게 2등을 했다. 시 교육청은 직업계고 대표 교사로서 공개수업을 해 달라고 요청했다.

하지만 교감은 공개수업을 허락하지 않았다. "우리 학교는 우사"라니, 도대체 무슨 말인지 몰라 그 자리에서 검색을 해 봤다. '우사'牛舍. 소나 말을 키우는 장소를 뜻하는데,

교감의 말은 맥락상 그런 의미가 아니었다. 동료 선생의 조언과 검색으로 마침내 말뜻을 이해했다.

우사스럽다: '우세스럽다'의 방언. 남에게 놀림과 비웃음을 받을 듯하다.

교직원 스스로, 우리가 일하는 학교를 부끄럽게 생각하고 남에게 절대로 보여 주면 안 되는 곳으로 여기다니. 너무 참담한 나머지 한숨도 나오지 않았다. 그 시절 우리의 자화상은 그러했다.

세월은 흘렀다. 호통과 감추기로 막을 수도 없는 큰 파도가 학교를 덮쳤다. 학령인구 감소에 수년 전의 사립학교 비리까지 터져 우리 학교는 한 학년당 19개 학급에서 13개 학급으로 줄었다. 교사 수십 명이 학교를 떠났다. 신입생 모집에 실패하면 또 누군가 학교에서 짐을 싸야 했다.

변화는 생존이 걸린 문제였다. 학교 정상화를 위한 새 이사진이 꾸려졌다. 이전과는 다른 비전을 가진 교장 선생이 2023년 부임했다. 교장은 교장실에만 머물지 않았다. 시간마다 복도를 돌며 자는 학생을 직접 깨웠다. 새 정책도 수립됐다.

패배감과 무기력에 시달리는 공고생을 위해 '수업 활력반'을 만들어 요리, 관람 등 체험 학습을 강화했다. 학업 중단율이 높은 1학년 학생들을 대상으로 '자기 성장 프로젝트' 과목을 편성해 아이들이 원하는 수업을 듣도록 했다. 나의 헬스반 운영은 이 프로젝트의 일환이었다.

이 모든 게 순조로웠다면 혁신이 아니다. 교실에선 종종 험악한 일이 벌어졌고, 교사들의 볼멘소리도 나왔다.

"진짜 미치겠네예. 수업 하면 자고, 깨우면 승질(성질) 내고, 뒤로 나가라면 안 가는 아들(아이들)에게 뭘 어찌해야 될지 모르겠네예."

틀린 말은 아니었다. 중학교 학업 성적이 낮은 아이만 공고에 오는 게 아니다. 가정 형편이 어려워 저녁에 아르바이트를 꼭 해야만 해서 정말 수면이 필요한 아이, 무기력과 불안은 물론 우울증을 앓는 학생도 있다. 재밌는 배움 이전에, 수업을 꾸려 가는 것 자체가 버거울 때가 실제로 있다.

그런데, 수업 축제라니…… 공고에서 수업 축제라니! 나도 모르게 깊은 한숨이 터졌다. 「자화상」을 토대로 모방 시를 쓰던 아이들이 고개를 들어 나를 바라봤다. 순간 나는 움찔했다. 마치 학생들이 "선생님도 우리를 '우사스럽게' 생각하느냐?"고 묻는 듯했다. 나는 거짓말을 들킨 사람처럼 아이들의 시선을 피했다.

몇 년 전만 해도 떼를 써 가며 공개수업을 주장하던 내가, 이젠 수업 축제라는 판을 깔아 줘도 부담스러워하다니. 그동안 학교보다 더 많이 변한 건 나 자신일지도 모른다.

교장은 뜻을 꺾지 않았다. 학교는 수업 축제 관련 공문을 교육청 등에 발송했다. 장학관, 장학사는 물론 저 멀리 전라도에서도 선생들이 팀을 꾸려 우리 학교를 탐방한다고 했다. 나는 아이들에게 수업 축제에 대해 설명했다. 누군가는 '국어 과목' 부스를 운영해야 하고, 우리의 작품이 강당에 전시될 것이라고 했다. 어떻게든 함께 노력해 보자고 아이들을 다독였다. 나 자신에게 한 말이기도 했다.

두 달이라는 시간이 훌쩍 지났고 드디어 수업 축제 날이 되었다. 강당에 들어서자 저쪽에서 기계과 아이들이 모여 불을 지피고 뭔가 구워 먹고 있었다. 학생들이 실습실에서 몰래 삼겹살을 구워 먹다가 선도위원회에 회부됐다는, 우리 공고에서 전설처럼 구전되는 이야기가 떠올라 나도 모르게 버럭 소리를 질렀다.

"야! 느그 여서 불 피우고 뭐 하노? 오늘 중요한 날인 거 모르나!"

"샘요, 여는(여기는) 캠핑장입니다. 하나 드실래예?"

한 아이가 구운 마시멜로를 내밀었다. 그제야 아이들은 자신들의 작품을 소개했다. 기계과 학생들답게 아이들은 다 쓴 가스통을 재활용해 캠핑용 화로를 만들었다. 작품이 그럴 듯했다.

"느그들, 그거 샀제?"

아이들은 자신들이 직접 제작한 과정을 담은 사진을 보

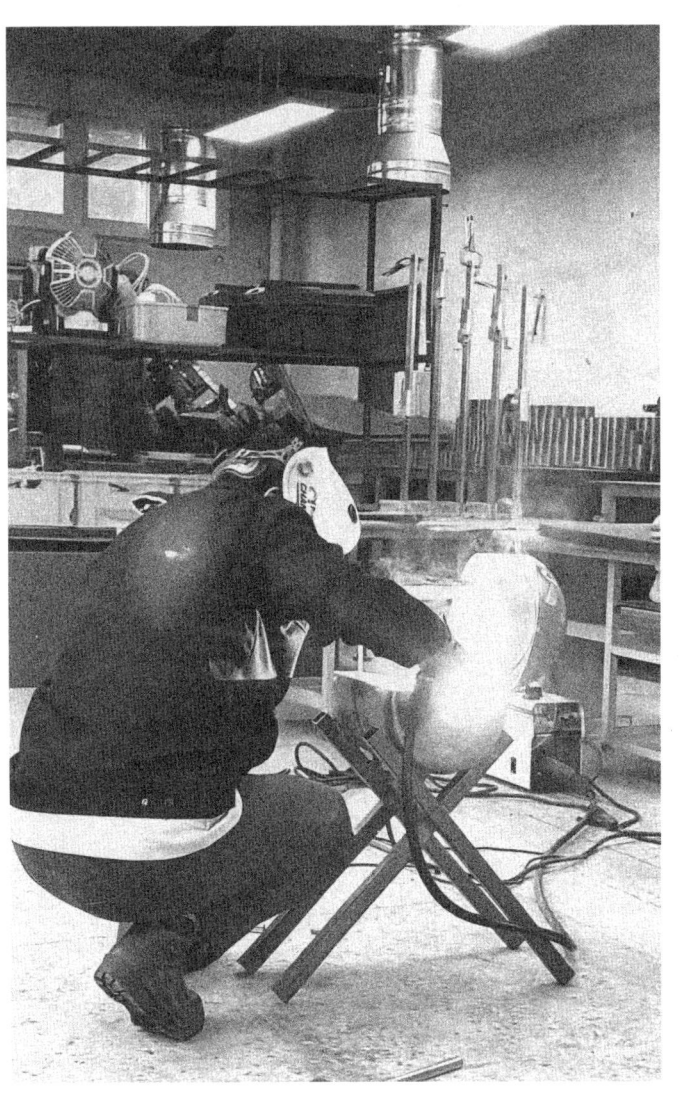

여 줬다. 직접 용접하고, 그라인더로 가스통 표면을 다듬는 과정이 고스란히 담겨 있었다.

　기계과 아이들의 캠핑장을 포함해 강당에는 60개 남짓한 부스가 마련됐다. 전자과 등 전문 교과 부스에선 전자회로 기판 수제 제작, 전자기기 DIY(손수 제작), 미니카 체험, 협동 로봇 체험, 3D(3차원) 모델링 등을 전시·운영했다. 그야말로 공고다운 기획이었다.

　부스 운영을 맡은 학생들은 작품에 관심을 보이는 방문객이 나타나면, 프로젝트 수행 배경부터 실천, 제작까지 직접 설명했다. 자기 성장 프로젝트 프로그램으로 웨이트트레이닝을 한 아이들은 현장에서 보디빌딩을 선보였고, 통기타반 아이들은 음악 공연도 했다. 환경에 관심이 많은 아이들은 '멸종 위기종 블록 체험' 부스를 운영했다.

　10여 년간 공고에서 일했지만 그동안 나의 직장 동료가 구체적으로 무엇을 가르치고, 아이들은 어떤 수업을 받으며 성장하는지 잘 몰랐다. 다른 수업, 학과의 성과물을 자세히 본 건 이날이 처음이었다.

　무엇보다 아이들이 용접을 하고 그라인더를 조작해 무언가를 뚝딱 만들 수 있다는 것에 자부심을 느끼고, 목장갑 낀 손으로 문제집 대신 공구를 들어도 타인 앞에서 당당할 수 있다는 걸 직접 보여 준 게 눈물겹게 고마웠다.

　이젠 내가 담당했던 국어 과목 부스에 대해 말할 차례다.

아이들은 전통 책 만들기, 시화, 직접 쓴 이야기 책 등을 전시했다. 박수영 학생은 윤동주의 「자화상」을 바탕으로 「어스름」이라는 모방 시를 써서 전시했다. 전문은 이렇다.

> 학교 복도 끝에 있는 우리 반에 들어가
> 벽에 붙어 있는 거울을 가만히 들여다봅니다.
>
> 거울 속에는 밝게 웃고 있는 우리 반 친구들과
> 예쁜 비가 내리는 창문이 있습니다.
>
> 그리고 한 소녀가 있습니다.
> 어쩐지 그 소녀가 미워져 돌아갑니다.
>
> 돌아가다 생각해 보니 그 소녀가 가엾어집니다.
> 도로 가 들여다보니 그 소녀는 서럽게 울고 있습니다.
>
> 그 소녀가 많이 슬퍼 보이지만 너무 미워서 돌아갑니다.
> 돌아가다 생각하니 그 소녀가 그리워집니다.
>
> 거울 속에는 밝게 웃고 있는 우리 반 친구들과 예쁜 비가 내리는 창문이 있고 추억처럼 소녀가 있습니다.

나는 시를 읽으며, 수영이가 '거울 속의 소녀와, 친구들과, 예쁜 비가 내리는 창문'이 있는 공고의 교실을 오래도록 기억해 주길 바랐다. 수업 축제를 구경한 교육청 관계자들과 타 학교 교사들은 공고생들에게 연신 '엄지 척'을 해줬다. 우여곡절 끝에 시작된 수업 축제는 2025년 5회를 맞았다.

앞으로도 우린 수업 축제를 열 계획이다. 누군가는 시를 쓰고, 목장갑을 낄 것이며, 어떤 학생은 공구로 쇠를 잘라 물건을 만들 것이다. 그것이 우리가 공고에서 배우고 가르치는 것들이니까.

"재미없는 수업은 가라." 우리 학교의 슬로건이다.

19장
공고에 걸린 웅장한 현수막

 잔뜩 힘을 주고 들어 올린 호준이의 두 팔은 관중석에서 보일 정도로 부들거렸다. 얼굴이 창백해, 저러다 쓰러지면 어쩌지 싶었는데 결국 코에서 피가 뚝뚝 떨어졌다. 호준이는 괜찮다는 듯 고개를 흔들었다.
 "선수, 포즈 다운!"
 사회자의 최종 신호가 떨어졌다. 무대 위에 선 선수 12명은 으르렁거리는 듯한 포즈로 심사 위원들에게 자신의 몸을 뽐냈다. 호준이는 손으로 코피를 훔치고 자세를 잡았다. 근육을 선명하게 보이기 위해 다시 온몸의 힘을 쥐어짰다.

"와아, 3번! 팔 근육 끝내주네!"

"3번! 허벅지 봐라! 완전 말 근육이네!"

"3번 선수 몸이 예술이네, 예술!"

나는 관중석에서 목이 터져라 외쳤다. 남들이 어떻게 보든 상관없었다. 제자가 생애 첫 무대에서 피를 쏟으며 힘을 짜내는데, 선생이 무언들 못 하겠는가. 이렇게 외쳐야 심사위원들의 시선이 한 번이라도 더 호준에게 쏠릴 테니, 마땅히 할 일이기도 했다.

고교생이 무슨 헬스냐 싶겠지만, 학업 중단 비율이 높은 우리 공고에선 꽤 중요한 수업이다. 아이들이 학교에 나와 정을 붙이려면 '닥치고 국영수'보다는 좋아하는 수업이 필요했다. 학교는 아이들의 흥미를 끌 법한 '자기 성장 프로젝트'를 기획했고, 국어 교사인 내가 헬스반 운영을 맡았다.

2023년 우리 공고생들의 도전을 MBC, SBS 등 여러 매체에서 소개했고 지역 교육청도 관심을 보였다. 그만큼 우리 학교의 헬스반은 좋은 성과를 남겼다. 이만큼 했으면 됐다고 나 스스로도 만족했다. 헬스반이 종료된 그해 겨울부터 나는 다시 배불뚝이 아저씨로 돌아갔다. 이대로 살아도 나쁘지 않았다.

이듬해 학교는 헬스반을 '헬스부'로 승격시켰다. 학교의 정식 동아리가 된 것이다. 나는 늘어난 뱃살을 쓰다듬으며 '이젠 체육 선생님이 맡겠지.' 생각했다. 그런 일은 벌어지지 않았다. 헬스부 운영의 책임은 다시 나에게 떨어졌다.

일은 걷잡을 수 없이 돌아갔다. 2024년 3월 신학기, 신입생 10명이 헬스부를 지원했다. 1학년 때 헬스반에 참여했던 2학년 여섯 명도 다시 운동을 하고 싶다고 찾아왔다.

교사 지망생 시절, 국어 선생이 되면 아이들과 윤동주의 「서시」를 읊을 거라 여겼다. 내가 순진했다. 나는 한국의 교육 현실과 고교생의 삶과 공고의 높은 자퇴율을 몰랐다. 학교에서 헬스 트레이너 역할을 할 줄은 더더욱 몰랐다.

정신을 차려 보니, 헬스부원 16명이 나를 뚫어지게 바라보고 있었다. 기대의 눈빛이 반, 배불뚝이 선생이 우리를 제대로 지도할 수 있을까 의심하는 눈빛이 반이었다. 밤하늘보다 내 눈앞이 더 캄캄했다.

"느그늘 잘 들어라. 앞으로 7개월 뒤, 2학기 10월에는 모든 사람이 보디 프로필을 찍는대이. 보디빌딩 대회도 참가할 기니까, 맘 단단히 묵으라. 단 한 명도 예외는 없다. 알긋나?"

아이들에게 2023년과 같은 ① 보디 프로필 촬영, ② 보디빌딩 대회 출전, ③ 헬스 트레이너 자격증 획득(3학년) 등 3대 목표를 제시했다. 당시 이 목표를 제때에 완수한 학생은 동연이 한 명뿐이었다. 이번엔 '전원 목표 달성'을 못 박앉다. 학생들이 산만해지거나 방황하지 않도록 분위기도 잡아야 했다.

보디 프로필 촬영은 동기부여 차원에서 중요했다. 여러 실패를 겪고 공고에 온 아이들의 내면엔 열패감 같은 게 많다. 나는 과거가 어떠하든 아이들이 스스로 장기 계획을 세우고, 그에 맞춰 몸을 움직이고, 결과를 자기 눈으로 확인하길 바랐다. 보디 프로필 촬영 날짜를 10월 셋째 주로 못 박았다.

이 목표를 달성하면, 보디빌딩 대회 출전은 저절로 풀릴 터였다. 몸의 변화를 느끼고 만족한다면 대회 출전이라는 욕망은 자연스럽게 생길 테니 말이다. 마지막 세 번째 목표는 나의 몫이었다.

"야들아, 올해 샘이 헬스 트레이너 자격증(생활 스포츠 지도사 2급)을 따보께. 느그도 3학년 되믄 딸 수 있으니까, 샘이 먼저 해 보고 방법을 알리 주께."

헬스는 꽤 위험한 운동이다. 요령 없이 과욕을 부리면 근육과 인대는 물론, 허리를 다치기도 한다. 아이들과 함께 안전하게 운동하려면 자격을 갖추는 게 필요했다.

이런 목표를 향한 헬스부 활동이 시작됐다. 원하는 몸을 만든다는 건 무척 어려운 일이다. 음식을 가려서 먹고, 강도 높은 운동을 규칙적으로 해야만 한다. 성인에게도 힘든 이 과정은 고교생에겐 몇 배나 괴로운 일이다. 학교급식, 편의

점 컵라면, 햄버거 등도 마음대로 먹지 못하니, 아이들의 처지는 그야말로 첩첩산중이다.

헬스부 1학년 아이들은 매주 수요일 단체로 운동했다. 나도 아이들과 함께 방과 후에 운동장 달리기, 팔굽혀펴기, 스콧을 했다. 금요일에는 2학년을 포함해 모든 헬스부원이 함께 운동했다. 음식 조절과 개별 운동은 자율에 맡겼다.

성인들의 다이어트 결심이 대개 작심삼일로 끝나듯이 헬스부에서도 이탈자가 나왔다. 학기 초반, 1학년 학생 한 명이 운동을 그만뒀다. 안타까워도 어쩔 수 없었다. 남은 아이들은 오늘도 어제처럼 운동하고 식단을 조절했다.

7월이 됐다. 우리 학교에 정식 헬스부가 생겼다는 소식이 우리 지역의 보디빌딩협회에 전해졌다. 전국체전 보디빌딩 고등부 예선전에 참가를 권하는 연락이 왔다. 나는 아이들에게 소식을 전했다.

"보디빌딩협회에서 전국체전 예선진에 도전하라는데, 느그 생각은 어땠노?"

"몇 명 뽑는데예?"

"우리 지역에선 세 명."

흥분한 동연이가 자리에서 벌떡 일어났다.

"샘, 대박! 우리가 체전 예선을 나갈 수 있다는 말입니꺼? 당연히 나가야지요."

동연이는 헬스를 처음 할 때부터 전국체전에 나가고 싶

어 했다. 다소 겁먹은 1학년들과 달리 2학년 아이들은 큰 관심을 보였다. 성진이도 적극적이었다.

"샘! 전국체전 입상하면 한체대(한국체육대학교) 입시에서 가산점 받십니더. 제 꿈이 한체대라예!"

한체대는 운동하는 아이들에게 서울대처럼 여겨지는 곳이다. 헬스를 통해 최고 대학을 가겠다는 성진이의 표정이 비장했다. 2학년 형준이도 목표를 밝혔다.

"샘, 저는 피트니스 코리아 입상을 목표로 하고 있십니더. 여기에서 입상하면 대학 입시에 큰 도움이 된다고 들었십니더."

'고교 중퇴'를 줄여 보고자 시작한 헬스부 활동에서 스스로 꿈을 꾸는 아이들이 고마웠다. 그렇다고 단단한 결심과 의욕만으로 일이 풀리는 건 아니다. 세상은 그렇게 간단하지 않다.

1학년 석훈이는 학업 성취도는 낮았지만, 누구보다 헬스부 활동에 집중했다. 자기만의 길을 찾은 듯이 10월의 보디빌딩 대회 출전을 열심히 준비했다. 하지만 5월에 학교에서 축구하다 다리를 크게 다쳐 119 구급차에 실려 갔다. 3개월 깁스 생활은 불가피했다. 석훈이는 다리 깁스를 한 채 상체 운동을 이어 갔지만 대회 출전은 무리였다.

여러 우여곡절 속에서도 시간이 흘러, 학기 초에 약속했던 '결실의 10월'이 다가왔다. 쇠붙이를 깎고 갈던 공고 실습장은 보디 프로필 촬영실로 꾸며졌다. 사진작가 섭외도 마쳤다. 이젠 물릴 수도 되돌릴 수도 없었다. 작심삼일을 극복하고 컵라면의 유혹을 이겨 낸 아이들은 이날을 위해 현수막도 제작했다. 문구는 이러했다.

헬스부, 전설의 시작!

다소 과한 느낌이었지만, 나는 아이들이 하자는 대로 따랐다. 아이들은 웃옷을 벗고 카메라 앞에 섰다. 1년간 담금질한 몸, 그러니까 밤새 게임을 하거나, 먹고 싶은 대로 먹고, 자고 싶은 대로 자면 절대로 빚어질 수 없는 근육이 카메라 셔터가 터질 때마다 반짝반짝 빛났다.

보디 프로필 촬영에 학생 11명이 참여했다. 2023년에는 한 명만 촬영했는데 무려 10배나 늘어난 셈이다. 이렇게 1차 목표를 얼추 달성했다.

곧바로 '2024 피트니스 코리아 대회'가 열렸다. 고등부 보디빌딩 대회는 총 세 부문으로 나뉘는데, 비기너·노비스·엘리트가 그것이다. 비기너에는 생애 첫 대회를 출전한 선수, 노비스 부문은 대회에 입상한 적 없는 선수, 엘리트 부문은 입상 경력이 있는 선수들이 출전할 수 있다.

우리 헬스부에서는 1학년 세 명과 2학년 네 명, 총 일곱 명의 선수가 출전했다. 동연이는 대회 입상 경력이 있었기에 엘리트 부문에 출전하고, 나머지 학생은 모두 비기너·노비스 부문에 나섰다. 성인인 나는 클래식 보디빌딩에 참가하기로 했다.

대회 당일, 많은 학생이 출전하다 보니 챙겨야 할 게 한둘이 아니었다. 간식과 운동기구, 돗자리, 보충제 등 신경 써야 할 것은 많고 몸은 따라 주지 않았다. 특히 수분을 끊어서인지 몸에 기력도 없고 집중이 잘되지 않았다. 아이들도 마찬가지였다. 우리는 선수복인 '삼각팬티' 한 장만 입고, 컬러 크림을 바르며 서로의 몸을 꼼꼼히 체크했다. 대회 직전, 호준이가 출전 소감을 밝혔다.

"제 몸이 한 번도 단단했던 적은 없십니더. 중학교 때까지 매일 무기력하게 살다가 헬스부에 들어와서 처음으로 달라질 수 있다는 것을 깨달았으예. 입상은 못 하더라도 무대에 서는 게 목표입니더."

드디어 시작된 대회, '비기너 부문'부터 출발했다. 전체 12명이 출전했는데, 우리 헬스부 학생이 여섯 명이었다. 순위는 개인별 자유 포징 30초, 단체 보디빌딩 규정 포즈 일곱 가지를 비교 심사해 매겨진다. 결승 무대에는 다섯 명만 설 수 있다.

최종 결과는? 우리 학교 헬스부 아이들이 1, 2, 3위를 휩쓸었다. 1위는 2학년 형준이었다. 사회자가 형준을 호명했을 때, 나는 목이 터져라 외쳤다.

"형준아아, 엄마한테 잘해래이!"

관중석에선 웃음이 터지더니 연이어 다른 외침이 메아리처럼 퍼졌다.

"그래, 엄마한테 잘해라!"

"맞다. 엄마한테 잘하는 게 최고대이!"

사실 관중석엔 형준이 어머니가 와 계셨다. 자세한 사정은 몰라도 아마 형준이가 공고에 입학했을 때 엄마는 적지 않게 실망했을 것이다. 자기가 원해 공고에 입학하는 아이는 거의 없으니 말이다. 나는 형준이 어머니에게 아들 자랑을 마음껏 하고 싶었다.

2024년 피트니스 코리아 대회에서 우리 학교는 큰 성과를 거두었다. 비기너 부문 석권을 비롯해, 성진이가 노비스 부문에서도 1위를 차지했다. 동연이는 엘리트 부문 3위에 올랐다. '최고의 선수'에게 주어지는 상금 100만 원의 주인공은 형준이었다. 며칠 뒤, 우리 학교 교문에는 이런 현수막이 걸렸다.

헬스부, 꿈의 무대에 서다.

인문 계열 고교에서 서울대 몇 명 보냈다는 현수막을 이런 맛에 거는 걸까? 출퇴근길에 현수막을 볼 때마다 내 마음은 저절로 웅장해졌다. 하지만 헬스부 최고의 스틸 컷은 따로 있다.

　서두에서 언급한 호준이는 상을 받지 못했다. 누가 봐도 호준의 몸과 근육 상태는 순위에 들기 어려웠다. 하지만 호준이는 1년간 포기하지 않고 열심히 노력했고, 계획한 대로 무대에 올랐다. 교문에 펄럭이는 현수막보다 설레는, 떠올리기만 해도 가슴이 뜨거워지는 장면은, 입상이 어려운 줄 알면서도 무대에 올라 코피를 쏟으며 부들부들 힘을 주던 호준의 모습이다.

　2024년 최고의 선수로 뽑힌 형준이는 사실 2023년 보디빌딩 대회를 스스로 포기했었다. 그때 형준이는 "무대에 설 용기가 없다."는 취지의 말을 했다. 형준이는 포기와 실패의 경험을 딛고 스스로 일어선 거다.

　나와 함께 2023년 대회에 나갔던 동연이는 2024년 우리 학교 전교 부회장을 했다. 성적도 학과에서 제일 좋았고, 기능사 자격증도 일곱 개나 땄다. 필기시험을 통과한 자격증만 10개가 넘는다. 나는 아이들과 약속한 대로 헬스 트레이너 자격증(생활 스포츠 지도사 2급)을 땄다. 이렇게 헬스부는 서로에게 한 약속 세 개를 모두 지켰다.

　아이들의 자퇴를 막아 보고자 시작한 헬스부 활동. 웃어야 할지 아니면 울어야 할지, 표현할 길이 난망한 일도 생겼다. 함께 운동했던 헬스부 1학년 학생 두 명이 우리 학교를 떠났다. 학업 중단이 아니다. 둘은 인문 계열 고교로 전학을 갔다.

　아이가 스스로 원해 노력해서 공고를 떠나는데 마음껏 축하를 해야 할지, 교사로서 박수를 쳐 주면 이 학교에 남은 아이들은 그런 내 모습을 어떻게 볼지, 내 마음은 한없이 복잡했다. 각자의 길을 응원하고, 자기 자리에서 최선을 다하면 좋은 일이라고 생각하면서도 가슴이 헛헛한 건 어쩔 수 없었다.

　2025년, 나는 또 헬스부를 맡았다. 공고를 지키고, 남은 아이들의 몸과 마음을 단단히 만들어 주는 게 나의 여전한 책임이다. 올해 헬스부에서는 또 무슨 일이 벌어질까? 미래는 알 수 없지만, 마음껏 시도하고 실패할 생각이다.

　요즘 나는 심심하면 스마트폰 사진 앱에서 헬스부 아이들의 '비포·애프터' 사진을 보며 킥킥 웃곤 한다. 아마 아이들도 내 사진을 보며 킥킥거릴 거다.

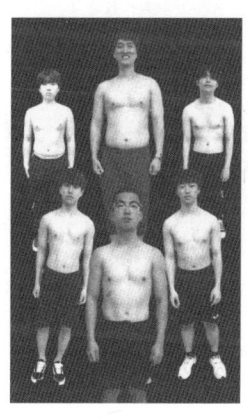

20장

TV에선 못 보는 '올림픽 챔피언' 공고에서 나왔습니다

'공고생' 김성수는 밤낮과 휴일을 가리지 않고 철판을 자르고 용접했다. 내가 근무를 마치고 동료 교사와 맥주를 한잔할 때도, 가족들과 캠핑을 갈 때도 성수는 학교에 남아 철을 만지고 조립했다. 공고 국어 교사인 내게 성수는 그렇게 기억돼 있다.

열일곱 살 나이에 지겹고 지칠 법도 한데, 성수는 3년간 묵묵히 공고 작업실을 지켰다. 그 김성수의 이름이 다시 호명된 건, 성수가 졸업한 지 2년 가까이 흐른 2022년 11월 국어 수업 때였다. 수업 시작 직후 진우가 물었다.

"샘요. 김성수 선배가 누굽니꺼? 오늘 교문에 현수막 걸렸던데요."

나도 출근길에 성수 이름이 새겨진 현수막을 봤다.

제68회 졸업생 김성수, 국제기능올림픽대회 철골 구조물 직종 금메달 획득!

"김성수! 잘 기억해라잉. 성수는 너희들의 꿈인 기라. 국제기능올림픽대회 1등! 바로 세계 1등이 느그 선배인 기라! 그 선배가 메달을 따고 모교에 온다 카이 이 얼마나 멋진 일이고?"

나는 목소리 톤을 한껏 올려 성수를 치켜세웠다. 공고생이라는 이유로 무시당하고 '따라지' 인생 취급 받던 학생의 역전 드라마, 그 모든 서사가 이 학교에서 벌어졌다는 걸 아이들에게 길고 장황하게 이야기했다.

우리 공고를 2021년에 졸업한 성수는 이듬해 미국 클리블랜드에서 열린 2022년 국제기능올림픽대회 철골 구조물 직종에서 금메달을 땄다. 우리 지역 직업계 고등학교 중에서 국제기능올림픽대회 금메달리스트를 배출한 건 우리 공고가 최초다.

지금으로부터 7년 전, 중학교 3학년이던 성수를 지금도 생생히 기억한다. 성수는 우리 학교와 다른 공고 진학을 두고 고민 중이었다. 동료 선생은 손짓발짓은 물론 간절한 눈빛까지 보내며 성수가 우리 학교를 선택하도록 설득했다.

벌써부터 성수의 손 기술과 집념을 알아봤다는 의미는 아니다. 그때나 지금이나 신입생 확보는 모든 직업계 고교의 생존이 걸린 중요한 문제다. 동료 선생은 중학생 성수를 앞혀 놓고 국제기능올림픽대회를 설명하며 "네가 세계 챔피언이 될 수 있다."고 강조했다.

"성수야, 샘 말 잘 들어라잉. 지금 공부 못해도 개안타! 우리 학교 와가 기계만 잘 만져도 성공할 수 있대이. 기능 선수 해가 전국 대회 메달도 따고, 세계 대회 나가서 메달 따면 연금도 나오는 기라. 그라믄 니 인생 완전 핀다 아이가!"

중학교에서 입시 홍보를 해 본 공고 교사라면 누구나 해 봤을 법한 이상적이고도 아름다운 희망 제시. 일반고로 치면 "우리 학교에서 국영수만 잘하면 서울대 갈 수 있다."고 홍보한 셈이다.

서울대 입학이 쉽지 않듯이, 국제기능올림픽대회 금메달은 무척 어려운 일이다. 국내 대회에서 국가대표로 선발된 후, 다시 세계 여러 나라의 대표들과 겨뤄 1등을 해야 한다.

성수는 공고 입학 후부터 '기능반'에 들어가 기술 연마를 시작했다. 기능반은 말 그대로 국제기능올림픽대회 출전을 최종 목표로 하는데, 학업과 훈련을 병행해야 해서 여간 고된 게 아니다.

서울대를 목표로 하는 일반고의 학생들 이른 아침부터 늦은 밤까지 학교·학원·독서실을 돌 듯이, 기능반 아이들은 하루를 작업실에서 시작해 교실에서 수업을 듣고 다시 작업실에서 늦게까지 훈련과 연습을 이어 가야만 한다.

학업 성적이 상대적으로 낮거나 대체로 책상에 오래 앉아 있는 걸 싫어해서 공고에 온 아이들에게 이 과정은 더없이 견디기 어려운 일이다. 호기롭게 기능반에 들어왔다가 몇 개월도 못 버티고 나가는 아이들이 태반이다.

하지만 성수는 우직했다. 큰 불평 없이 작업실에서 그날의 과제를 분석하고 철을 잘라 붙이는 연습을 이어 갔다. 올림픽이나 월드컵 축구 국가대표 선수 곁에는 늘 코치나 감독이 있는 것처럼 성수 옆에도 지도교사가 있었다. 이 선생 역시 성수와 똑같이 출근해, 주말이나 방학을 가리지 않고 기능반 작업실에서 많은 시간을 보냈다. 저절로, 혹은 우연으로 챔피언이 탄생하는 경우는 없다. 성수와 지도교사는 함께 혹독한 시간을 보냈다.

성수는 고교 2학년이던 2019년에 지방기능경기대회 은메달, 전국기능경기대회 금메달을 땄다. 국가대표 자격도 그해 획득했다. 고교생 신분으로 올림픽에 나갈 수 있었지만, 코로나19가 발목을 잡았다. 팬데믹이 끝나고 처음 열린

대회에서 성수는 우승을 차지한 것이다.

최고 기술자가 되겠다는 마음으로 묵묵히 쇠를 깎던 성수는 끝내 세계 챔피언이 돼 학교로 돌아왔다. 가슴에 태극기가 새겨진 양복에 금메달까지 목에 걸었으니, 그야말로 금의환향이다.

학교 환영 행사장에는 교장은 물론이고 많은 학생이 몰렸다. 교육감은 축전을 보냈다. 단상에 오른 성수는 담담한 소감을 밝혔다.

"이렇게 많은 분들이 축하해 주셔서 고맙습니다. 5년간 목표를 향해 달렸는데, 결국 제가 이 자리에 서게 됐네요."

한 아이가 번쩍 손을 들고 가장 궁금한 걸 물었다.

"질문 있십니더! 혹시 상금은 얼마나 받십니꺼?"

하계·동계올림픽과 마찬가지로 국제기능올림픽대회 수상자에게도 여러 혜택이 있다. 메달리스트에게는 상금(금메달은 6720만 원)과 훈포장이 수여되고, 남성의 경우 산업 기능 요원 복무라는 병역 혜택을 받을 수 있다. 또한 국가 기술 자격 산업 기사 자격시험이 면제되고, 계속 종사 장려금(매년 505만~1200만 원)이 은퇴 시까지 지급된다.

1980년대를 기억하는 분들은 아마 떠올릴 수 있을 거다. 국제기능올림픽대회 수상자를 태운 '오픈카'가 서울 여의도 광장(현 여의도 공원)을 출발해 마포-서소문-서울시청-광화문까지 행진하던 카퍼레이드 풍경을 말이다.

많은 시민이 대로변으로 쏟아져 나와 태극기를 흔들며 수상자를 맞았고, 고층 빌딩에선 반짝반짝 빛나는 꽃가루도 떨어졌다. 권위주의 시대의 동원과 연출이었어도, 개발도상국 시절의 한국은 국제기능올림픽대회에서 입상한 기술자들을 뜨겁게 맞이했다.

한국은 하계·동계·장애인 올림픽을 막론하고 올림픽 종합 우승을 차지한 적이 없다. 하지만 국제기능올림픽대회에선 이야기가 다르다. 한국은 1967년 스페인 마드리드 대회에 처음 참가한 이후, 10년 만인 1977년 대회에서 첫 종합 우승에 올랐다. 이후 2015년까지 1위는 거의 대부분 우리나라가 차지했다. 요즘엔 주로 중국이 우승하지만 여전히 한국은 3위권을 벗어나지 않는다.

세상은 달라졌다. 국제기능올림픽대회 수상은 이제 뉴스에서도 단신 정도로 다뤄진다. 꽃가루 뿌려지던 거리의 카퍼레이드와 사람들의 환호는 이제 추억을 넘어 '그때를 아십니까' 정도의 역사 속 풍경이 됐다.

이제 이 땅의 많은 사람은 기술자를, 몸 써서 일하는 사람을 그리 존중하지 않는다. 세상의 변화는 자연스러운 일이다. 서는 자리가 달라지면 보이는 풍경 역시 달라진다. 이젠 멸시의 언어가 돼 버린 '직업계고', '공고'에서 세상을 바라보면, 익숙했던 것들이 낯설게 보이는 게 한둘이 아니다.

중학교 3학년 성수를 앞에 놓고 열변을 토했던 동료 선생의 말씀을 자주 떠올린다.

"지금 공부 못해도 개안타! 우리 학교 와가 기계만 잘 만져도 성공할 수 있대이!"

공부를 못해도 기계를 잘 다루면, 무엇이든 하나만 잘 하면 성공할 수 있다는 말. 얼마나 아름다운 말인가. 하지만 이젠 우리 사회의 어른 누구도 아이들에게 이런 말을 해 주지 않는다. 학교에서도, 마을에서도, 미디어에서도 듣기 어려운 말이 돼 버렸다.

우리가 과거의 추억으로 보내 버린 건 카퍼레이드만은 아닐 터다. 우리가 진정으로 잃어버린 건 기계만 잘 만져도 성공할 수 있는 세상, 공부는 조금 못해도 열심히 몸을 움직이면 먹고살 수 있는 사회가 아닐까 싶다.

교사로서 사회생활을 하며 이런저런 모임에 가면 "올해 우리 학교는 서울대 몇 명 보냈다", "의대에 몇 명 진학했다."라는 말을 종종 듣는다. 공고에서는 좀처럼 일어나지 않는 이야기를 들을 때면 솔직히 위축될 때가 많다.

하지만 성수가 금메달을 딴 뒤로는 스스로 용기를 내곤 한다. 최근 나는 한 모임에서 이런 멘트를 날렸다.

"그 학교 아가(아이가) 의대에 갔습니꺼? 정말 대단하네예! 근데 그 학교에서 올림픽 금메달 딴 아 있습니꺼? 동네 1등, 아니 전국 1등 그런 거 말고 세계 챔피언 말입니더! 우리 학교에서 제대로 공부하고 기술 배워가, 세계 챔피언 됐다 아입니꺼! 굳이 순위를 매기자면…… 세계 1등이 최고 맞지예? 글로벌 시대인데 국제적으로 좀 놀아야지예! 안 그렇습니꺼?"

이 순간, 내 마음속에서 김성수는 꽃가루 날리는 거리에서 카퍼레이드를 하고 있었다. 아니, 오히려 내가 꽃가마를 탄 기분이 들었다.

에필로그

그렇게 이웃이 된다

늦은 밤, 스마트폰 화면에 제자 민준이 이름이 떴을 때 가슴이 쿵 내려앉았다. 또 무슨 안 좋은 일이 생긴 걸까. 가볍게 심호흡을 하고 문자메시지를 열었다.

규빈이랑 술 한잔하고 있습니다. 선생님 이야기가 나와 생각나서 문자 보냅니다. 곧 찾아뵙겠습니다.

술 한잔하다가 옆 테이블이랑 실랑이가 벌어졌다는 내용으로 끝나지 않아서 얼마나 다행인지. 민준이는 2014년 3학년 우리 반 반장이었다. 졸업한 지 한참 지났는데도, 늦은 밤의 연락에 이렇게 긴장부터 하다니. 지방 사립 공고에서 국어를 가르치는 나의 직업병이다.

공고 등 직업계 고교에서 일하는 교사들은 비슷한 마음일 거다. 크든 작든 사고를 쳤거나 곤란한 일을 겪었을 때 많은 공고생은 교사에게 연락을 한다. 유감스럽게도 늦은 밤의 제자들 연락은 대개 그런 내용이다.

오래전, 민준이가 졸업한 지 2주 만에 연락했을 때도 그랬다. 새벽이었는데, 전화받자마자 나는 식은땀을 흘렸다.

"샘, 여기 경준데예. 일이 좀 생겼십니더. 우리 반 아들(아이들)끼리 (차를) 렌트해가 놀러 왔는데, 사고를 냈 뿐십니더."

머릿속에 음주운전, 대형 인명 사고 등 온갖 부정적인 것들만 떠올랐다. 아이들은 졸업 기념으로 몇몇이 모여 차를 빌려 경주로 여행을 떠났고, 숙소 인근 골목에서 접촉 사고를 냈다.

그 '가벼운' 사고 뒤로 렌터카 업체에 먼저 알려야 하는지, 상대방 차주에게 연락을 해야 할지, 부모님과 먼저 상의를 해야 하는지를 두고 녀석들은 열띤 토론을 했고, 오랜 심야 토론 끝에 이젠 졸업도 했으니 덜 혼날 것 같은 '옛 담임'인 내게 연락을 한 거다.

허무했다. 하지만 큰 사고가 아니라 얼마나 다행이었는지, 그날은 꿀잠을 잤다. 누군가는 '뭐, 이런 일로 교사에게 연락을 할까?' 싶겠지만, 나의 제자들에겐 자연스러운 일이다. 아이들의 각종 민원 해결, 공고에서 일하는 나의 역할 중 하나다.

일반고에서 3학년 담임교사의 주요 업무는 아이들을 대학으로 진학시키는 것이다. 공고에서는 차이가 있는데, 아이들 대부분이 진학이 아닌 취업을 하기 때문이다. 스무 살 아이를 더 높은 교육기관으로 보내는 것과 사회로 내보내는 건 하늘과 땅 차이다.

공고 3학년 담임은 공부만이 아니라 '직장 예절' 같은 것도 수시로 가르쳐야 한다. 특히 우리 학교에는 '성공적인 직업생활'이라는 과목이 모든 학과의 공통 과목으로 편성돼 있을 정도다. 아무리 교육하고 알려 줘도, 곧 사회에 나갈 열아홉 살 아이들의 얼굴을 보면 불안한 마음은 도무지 지워지지 않는다.

뉴스에서는 대학을 졸업하고, 서른을 넘겨서도 독립하지 않은 채 부모님 집에 얹혀사는 '캥거루족' 이야기가 종종 나온다. 이런 뉴스를 보면, 어김없이 내 머리엔 우리 학교의 열아홉 살 아이들과 그동안 학교를 떠난 졸업생들이 떠오른다.

얹혀살 부모와 집이 있고, 서른 살이 되도록 일을 안 해도 밥을 굶지 않는 현실은, 열아홉 살이면 대부분 일터로 나가야 하는 공고생에겐 꿈같은 이야기다.

너무 이른 나이에 독립해야만 하는, 고교 졸업과 동시에 학업을 끝내는 공고생들은 그만큼 인맥과 학연이 짧다. 의지할 어른이나 곤란한 일을 겪었을 때 자문이나 도움을 청할 사람이 주변에 적기 마련이다. 자동차 접촉 사고를 내고 옛 담임에게 연락해 문의하는 건 내 제자들에게 자연스러운 일이다.

공고생들은 졸업하고 다시 학교를 찾아오는 비율이 높다. 다니던 회사를 그만뒀다며 새 취업처를 문의하거나, 어렵사리 들어간 공장이 힘들다고 하소연하는 졸업생이 많다. 이런 기능적 이유 외에 '졸업생 회귀'는 지방 공고만의 독특한 환경과 문화에서 비롯되는 면이 있다.

늦은 밤 문자메시지를 보냈던 민준이는 며칠 뒤 졸업 동기 규빈, 종훈과 함께 학교에 찾아왔다. 이유가 있었다.

"선생님, 저 미용사로 계속 일하고 있는 거 아시죠? 근데 이제는 일본으로 떠나려고요. 와이프 혼자 아 키우게 하는 것도 미안하고. 일본에서 자리 잡을라 캅니더."

우리 반 반장이었던 민준이는 미용사가 됐다. 졸업 후 공장에 취업했으나, 적성에 맞지 않아 따로 미용을 배웠다. 민준이는 스물일곱 살 때 일본인과 결혼을 했고, 서른 살인 지금 한 아이의 아버지가 되어 해외 이주를 준비하고 있다.

규빈이는 술을 좋아했다. 졸업 직후에는 "선생님과 술 마시는 게 소원이었다."면서 그렇게 전화를 자주 했다. 녀석이 군대 가기 직전, 나는 우리 집으로 따로 불러 저녁을 먹이고 술도 한잔 따라 줬다.

제대 후 규빈이는 제주도의 호텔에서 노동자로 일했다. 2025년 지금, 규빈이는 제주도 생활을 청산하고 부모님이 운영하는 자영업 사업체에서 일하고 있다. 아마도 부모님의 일을 물려받아 고향에 정착할 듯싶다.

종훈이는 키 190센티미터에 몸무게는 100킬로그램이 넘는다. 영화에서 흔히 볼 수 있는 일명 '조폭 제형'으로 교무실에 등장했다. 녀석이 웃으며 문을 열지 않았다면, 나를 비롯해 여러 선생들은 깜짝 놀라 뒷걸음쳤을 거다. 종훈이는 삼겹살집을 운영하고 있다.

미용사, 호텔 노동자, 고깃집 자영업자가 되어 학교에 찾아오는 나의 제자들. 교수, 의사, 판검사가 아니어도 웃는 얼굴로 모교를 찾아오는 졸업생들, 그리고 이들과 옆집 이웃처럼 이야기를 나누는 교직원들. 우리 공고에는 한국 사회가 잃어버린 왕년의 어떤 풍경이 아직 남아 있다.

우리 학교만의 특별한 정이란 게 있는 걸까? 그럴 수도 있지만, 우리에겐 다른 차원의 연결 고리가 있다. 나를 비롯한 교직원들에겐 공통의 징크스가 있는데, 바로 '외식이나 밖에서 술을 마시면 꼭 재학생이나 졸업생을 한 명 이상 만난다.'는 점이다.

맛집으로 소개받고 갔는데 우리 학교 출신이 사장님이

거나, 맥주 한잔 마시러 들어간 호프집에서 아르바이트를 하는 제자를 만난다거나 하는 식으로 말이다. 그도 아니면 배달 라이더 노동자들이 고개 한 번 숙이고 쌩하게 달려가는 경우도 많다. 헬멧에 가려 얼굴은 안 보이지만, 상대방은 배달 라이더로 일하는 제자들이다.

 종일 집에만 있다고 징크스에서 '안전한' 건 아니다. 가정 방문 택배 기사, 가스 검침원, 전자 제품 수리 기사 분야에도 우리 학교 졸업생들이 많이 진출해 있다.

 얼마 전, 시내에서 친구들을 만나 늦게까지 술자리를 가졌다. 그날따라 나에게 알은척하는 식당 사장님, 아르바이트 노동자, 배달 라이더, 행인이 없었다. 우리 학교 졸업생을 마주치지 않은, 드디어 징크스가 깨진 날이었다.

 살다 보니 이런 날도 있구나 싶은 마음으로 택시를 탔다. 그런데 웬걸, 택시 기사님이 우리 학교 졸업생이었다. 그렇게 징크스는 다시 이어졌다.

 내가 일하는 학교는 최근까지 학년별로 19학급이 있는 전국 최대 규모의 학교였다. 학령인구 감소 등으로 다소 줄긴 했어도 여전히 큰 학교다. 일명 명문 고교 아이들은 졸업 후 서울과 수도권, 외국으로 많이 떠나지만 공고 졸업생들은 대개 학교 인근 고향 지역에 남는다.

 지역의 어떤 아이들은 나의 제자가 되고, 시간이 지나면 우리는 서로의 삶을 지탱하고 지켜 주는 이웃이 된다. 우리에겐 넓은 세상으로 나아가고, 저 높은 곳으로 올라가는 인재도 필요하지만, 머리를 다듬어 주고 인터넷이 고장 났을 때 빛의 속도로 달려와 나를 세상과 연결시켜 주는 사람도 꼭 있어야 한다.

세상에 꼭 필요한 사람을 키우는 학교, 그곳이 바로 내가 일하는 공업고등학교다.

추신.

아이들을 아내에게 맡기고 학교에 나와 바로 위 문장까지 쓰고, '드디어 책을 다 썼구나.' 하는 후련한 마음으로 귀가하던 주말 오후. 도로에서 난폭 운전자를 만났다.

나는 분명 규정 속도에 맞춰 운전하는데, 뒤에서 오는 트럭이 자꾸 경적을 울렸다. 차선을 변경하면 다시 뒤로 붙어 상향등을 켜기도 했다. 신호에 걸려 멈췄을 때 트럭이 내 옆으로 붙었다. 난 인상을 쓰고 창문을 열었다.

"샘! 아까부터 샘 차 보고 따라왔심더. 크크크크. 근데 차 바꿀 때 되지 않았어예? 제가 성공하면 바꿔 드릴게예! 나중에 학교로 찾아뵙겠습니더. 건강하시소!"

누군지 기억이 떠오르기도 전에 차는 떠났다. 트럭에는 유명 배송 업체 이름이 새겨져 있었다. 어리둥절했다. 잠시 뒤 떠오른 얼굴은 종민이었다. 2017년, 내가 2학년 전자과 담임을 맡았을 때 우리 반 학생이었다.

집에 도착한 나는 컴퓨터를 켜고 그해 우리가 만든 전자과 문집 『짱구와 아이들』 파일을 찾아봤다. 그 문집에서 종민이는 장래 희망을 이렇게 적었다.

1. 기기를 수리하고 조립하는 엔지니어.
    (왜? 내 적성이자 내가 유일하게 다룰 수 있는 기술이어서)
2. 화물을 운반·배송하는 트레일러 운전기사
    (왜? 멋있어 보이고, 해 보고 싶어서)

나도 모르게 웃음이 나왔다. 녀석은 꿈을 이룬 셈이다. 컴퓨터를 끄고도 한참 동안 미소가 가시지 않았다.

공고 선생, 지한구
그리고 오래도록 이웃으로 살아가는 학생들

1판1쇄 | 2025년 10월 27일

지은이 | 지한구

펴낸이 | 정민용, 안중철
편집 | 윤상훈, 이진실

펴낸곳 | 후마니타스(주)
등록 | 2002년 2월 19일 제2002-000481호
주소 | 서울특별시 마포구 신촌로14안길 17, 2층 (04057)
전화 | 편집_02.739.9929/9930 영업_02.722.9960 팩스_0505.333.9960

블로그 | blog.naver.com/humabook
엑스, 페이스북, 인스타그램 | @humanitasbook
이메일 | humanitasbooks@gmail.com

인쇄 | 천일문화사_031.955.8083 제본 | 일진제책사_031.908.1407

값 16,000원

ⓒ (주)진실탐사그룹셜록

ISBN 978-89-6437-491-7 04300
ISBN 978-89-6437-289-0 (세트)